TRUE DETECTIVE

ANTONIO LUCCI

True Detective

Eine Philosophie des Negativen

Aus dem Italienischen von
Federica Romanini

TURIA + KANT
WIEN–BERLIN

Bibliografische Information der Deutschen Nationalbibliothek

Die Deutsche Bibliothek verzeichnet diese Publikation in der Deutschen Nationalbibliografie; detaillierte bibliografische Daten sind im Internet über http://dnb.ddb.de abrufbar.

Bibliographic Information published by Die Deutsche Nationalbibliothek

The Deutsche Bibliothek lists this publication in the Deutsche Nationalbibliografie; detailed bibliographic data are available on the Internet at http://dnb.ddb.de.

ISBN 978-3-98514-026-8

Die Übersetzung dieses Buches wurde mit Unterstützung des SEPS – Segretariato Europeo Per Le Pubblicazioni Scientifiche erstellt.

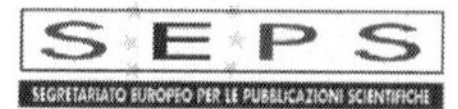

via Val d'Aposa 7, 40123 Bologna, Italia
www.seps.it – seps@seps.it

Originalausgabe: *True Detective. Una filosofia del negativo*

Cover: Bettina Kubanek, Visuelle Gestaltung, Berlin

VERLAG TURIA + KANT

A-1010 Wien, Schottengasse 3A/5/DG1
Büro Berlin: D-10827 Berlin, Crellestraße 14
info@turia.at | www.turia.at

Inhalt

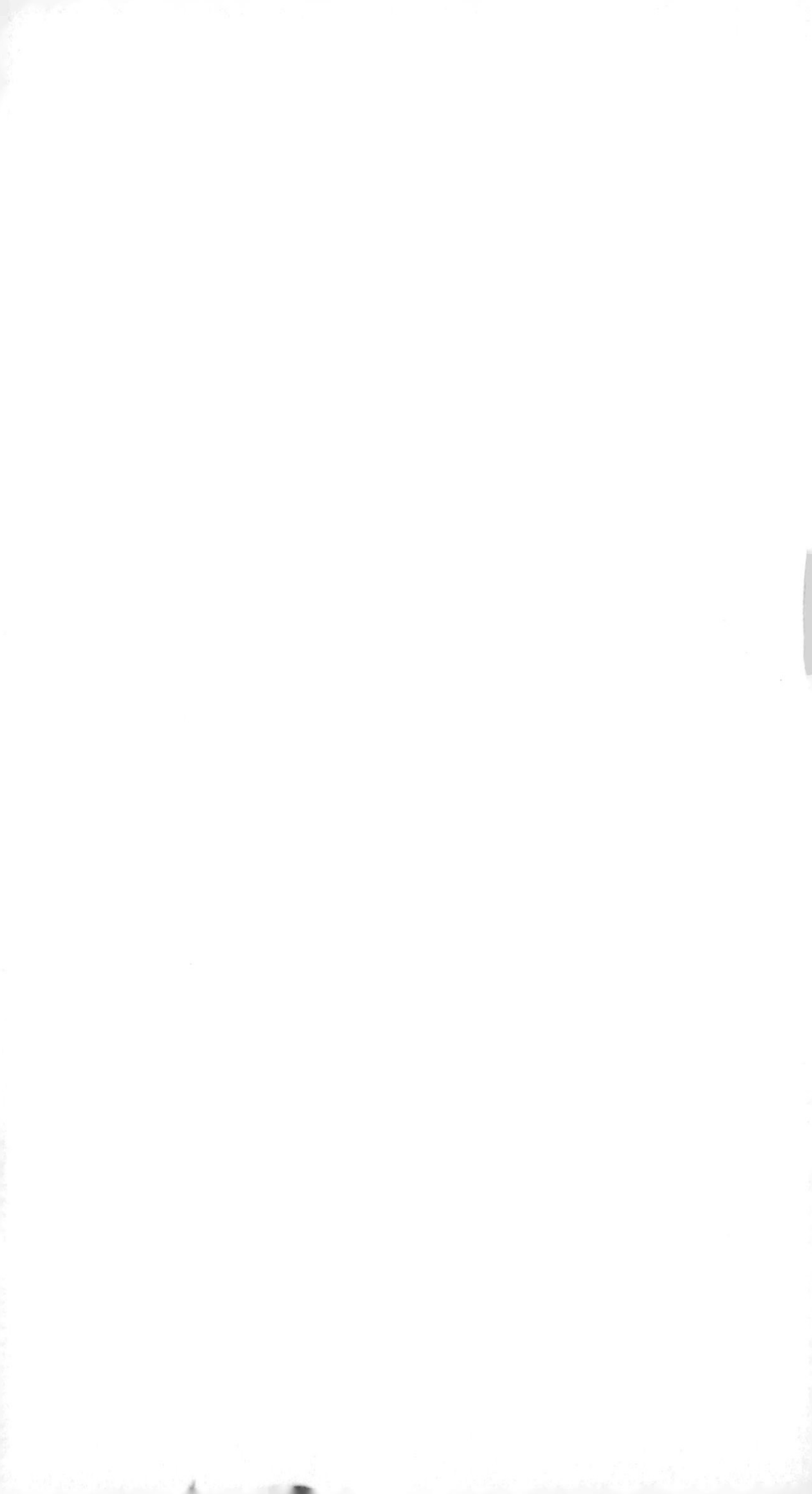

Einleitung: eine Philosophie *der* Medien

Medien bestimmen unsere Lage.
Friedrich A. Kittler

Ein Blick auf die Geschichte der westlichen Kultur zeigt, dass die Frage nach der angemessenen Ausdrucksform für die Inhalte des Denkens seit jeher Thema und Gegenstand der philosophischen Reflexion ist. Bereits der Versuch, einen der vielen Wege, die seitdem beschritten wurden, in groben Zügen durch die Erwähnung beliebig ausgewählter Autoren nachzuzeichnen, lässt die Vielfalt an Ausdrucksweisen erkennen, die das Denken hervorbrachte. Nehmen wir etwa die berühmte »Wanderung des Geistes von Ionien nach Jena«, also den Weg von Parmenides' Lehrgedicht und Platons Dialogen über die Diatriben der Kyniker, die (auto-)biographischen Erzählungen der christlichen *Vitae* und die Quaestiones, aus denen sich die *Summa Theologiae* des Thomas von Aquin zusammensetzt, bis hin zu Nietzsches aphoristischem Denken: Wir haben es mit einer Fülle von unterschiedlichen, einigermaßen nicht aufeinander reduzierbaren Schreibstilen zu tun, durch die das philosophische Denken im Laufe der Jahrhunderte übermittelt wurde. Ungeachtet dieser stilistischen Eigenständigkeit und der beträchtlichen Vielfalt innerhalb der philosophischen Tradition lassen sich dennoch zwei Konstanten ausmachen: Während die erste insbesondere im 20. Jahrhundert zum Gegenstand wissenschaftlicher Diskussion wurde, ist die zweite bis heute weitgehend unerforscht geblieben.

Die erste dieser Konstanten und impliziten Prämissen der Philosophie besagt, dass die am besten geeignete, »wissenschaftlichere« und somit »strengere« Form der Vermittlung von Wissensinhalten in der Abhandlung, d.h. in der systematischen Darstellung besteht. Diese spezifische Ausdrucksform entstand jedoch, wie Pierre Hadot[1] an zahlreichen Stellen seines Werks überzeugend dargelegt hat, erst in einer relativ späten Phase der Philosophiegeschichte, genauer im Zuge der »Theologisierung« des philoso-

---

1 P. Hadot, *La philosophie comme manière de vivre. Entretiens avec Jeannie Carlier et Arnold I. Davidson*, Paris: Albin Michel 2001, S. 181-187.

phischen Wissens im christlichen Mittelalter, als das Traktat allmählich eine Vorrangstellung erlangte, die es viele Jahrhunderte lang bewahren sollte, ohne sich jedoch gänzlich durchzusetzen. Vor dieser Entwicklung – aber auch nach ihr, wie die Werke überaus bedeutender Autoren wie Schopenhauer, Nietzsche oder Sartre belegen – war das philosophische Schreiben durch wechselnde Ausdrucksformen geprägt. Das liegt unter anderem daran, dass diese Werke ihre Berechtigung nicht so sehr in der Schlüssigkeit der Argumentation hatten, als vielmehr in ihrem Vermögen, das Leben derjenigen, die sie lasen, befolgten und *verkörperten*, grundlegend zu beeinflussen: »Man könnte sagen, dass sich die antike Philosophie von der modernen darin unterscheidet, dass in ihr nicht nur Chrysipp oder Epikur als Philosophen betrachtet werden, weil sie einen philosophischen Diskurs entwickelten, sondern auch jeder andere Mensch, der nach den Vorschriften Chrysipps und Epikurs lebt.«[2] Die Philosophie sollte das Leben verändern, sie sollte die Menschen glücklich machen

2 P. Hadot, *Philosophie als Lebensform. Geistige Übungen in der Antike*, aus dem Französischen von I. Hadot und C. Marsch, Berlin: Gatza 1991, S. 173.

oder durch eine Reihe von *asketischen* Übungen (das griechische Wort *askesis* bedeutete ursprünglich »Übung«)[3] vor dem wechselvollen Schicksal und den Widrigkeiten des Alltags schützen. In diesem Zusammenhang kam dem schriftlichen Ausdruck keine zentrale Bedeutung zu, oder besser, die Schriftlichkeit war nicht als solche von Belang, sondern nur insofern, als sie das Erreichen von existenziellen Zielen erleichterte. Besonders eindrucksvoll zeigt sich dies am Beispiel einer der erfolgreichsten Strömungen des westlichen Denkens, und zwar der Kyniker, die in ihrer neun Jahrhunderte währenden Geschichte (mit Ausnahme der spätrömischen Zeit) nahezu keine schriftlichen Spuren hinterließen.[4] Erst mit der Entstehung der Universitäten und der Professionalisierung

---

3 Diese Bedeutung setzte sich erst ab dem 5. Jahrhundert v.Ch. durch. Zur Zeit des homerischen Epos wurde der Begriff indes fast ausschließlich als Adjektiv verwendet, um eine wertvolle handwerkliche Arbeit sowie rückwirkend die Sorgfalt ihres Urhebers zu bezeichnen. Für eine ausführliche etymologische Begriffsgeschichte vgl. H. Dressler, *The Usage of Ἀσκέω and its Cognates in Greek Documents to 100 a.D.*, Washington D.C.: The Catholic University of America Press 1947.

4 Vgl. M.-O. Goulet-Cazé, *Le cynisme, une philosophie antique*, Paris: Vrin 2018, S. 7.

der akademischen Laufbahn setzte sich in der Philosophie jene systematische Ausdrucksform durch, deren Kanon sich im Laufe der folgenden fünfhundert Jahre etablieren sollte. Im 20. Jahrhundert wurde der Alleingültigkeitsanspruch der philosophischen Abhandlung jedoch radikal infrage gestellt. Insbesondere der Roman[5] und die Lyrik stießen eine Reihe relevanter Debatten an, die dazu beitrugen, den Primat der Abhandlung als angemessenster Ausdrucksform philosophischer Inhalte zu hinterfragen (dies erfolgte nicht zuletzt dank der gelungenen und in Frankreich breit rezipierten »Kehre« Martin Heideggers, in deren Zuge der deutsche Philosoph den Plan einer Fortsetzung von *Sein und Zeit* in Form eines weiteren Traktats verwarf, um sich stattdessen der Dichter anzunehmen, in denen er die wahren Wächter des philosophischen Wissens zu erkennen glaubte). Herausragende Philosophen wie der bereits erwähnte Jean-Paul Sartre, aber auch Albert Camus, Elias Canetti und Umberto Eco, um nur einige Namen zu nennen, verfassten neben essayistischen Werken auch Romane oder Theaterstücke. Andere, wie Ludwig Witt-

---

[5] Vgl. S. Regazzoni, *Iperomanzo. Filosofia come narrazione complessa*, Genova: il melangolo 2018.

genstein und Friedrich A. Kittler, haben wiederum für ihre Schriften einen Stil nahe am Aphorismus oder gar an der mathematischen Formel entwickelt.[6] Aus diesen einleitenden Zeilen geht bereits hervor, dass die Frage nach der angemessenen Beziehung von (Ausdrucks-)Form und (Denk-)Inhalt für die Philosophie in den letzten eineinhalb Jahrhunderten immer drängender wurde. Die Beschäftigung damit scheint jedoch eine weitere Frage vernachlässigt zu haben, in der wir gleichsam einen immanenten blinden Fleck des philosophischen Diskurses sehen könnten. Gemeint ist die Problematik der *Materialität* des philosophischen Ausdrucksmediums.

Die Tatsache, dass die Philosophie 2500 Jahre lang die schriftliche Form gewählt hatte, verleitete offenbar zu der Annahme, die Schriftlichkeit stelle einen apriorischen Bestandteil der philosophischen Reflexion dar. Selbst dann, wenn sich die Philosophie mit der Kunstgeschichte, der Fotografie oder allgemeiner mit dem theoretischen Gehalt von Bil-

---

[6] In diese Tradition fügt sich auch der Formalisierungsversuch der analytischen Philosophie, deren stilistische Merkmale sie in die Nähe der exakten Wissenschaften rücken.

dern auseinandersetzte, blieb sie stets ein »Diskurs über«: eine schriftliche Darlegung, die an ein bestimmtes, ihr äußerliches Medium in hermeneutischer Absicht herantritt, um dessen vermeintlichen theoretischen Inhalt und begrifflichen Kern herauszulösen. Eine der spannendsten Herausforderungen für diese Auffassung der Philosophie kommt aus der Filmkunst. Mit seiner Zusammenstellung von Bildern und explizitem Diskurs stellt das Kino die Philosoph:innen vor eine schwierige Aufgabe: Es fordert sie dazu auf, eine Interpretation abzugeben und zugleich die (visuellen, musikalischen und textuellen) Codes der filmischen Inszenierung zu beachten. Doch selbst die komplexesten und gelungensten Versuche, das filmische Erzählen philosophisch zu erfassen, erwecken den Eindruck, die Philosophie verfahre darin so, als würde sie mit ihrem Instrumentarium und ihren eigenen Methoden ein ihr äußerliches und fremdes Material »angreifen«. Der Film wird kurzum fast immer als *Objekt* und nicht als *Subjekt* der Philosophie, im besten Fall als Gegenstand einer Interpretation, aber so gut wie nie als eigenständige philosophische Arbeit, d.h. als philosophischer Diskurs wahrgenommen.

Eine solche Herangehensweise bringt bisweilen bemerkenswerte und an sich legitime Interpretationen und hermeneutische Ausarbeitungen hervor, die jedoch darauf hinauslaufen, philosophische Inhalte auf mediale/filmische Erzählungen aufzupfropfen. So beachtlich ihre Ergebnisse auch sein mögen, sind Anstrengungen dieser Art bestenfalls dazu verurteilt, äußerliche Operationen darzustellen, in denen an sich wesensfremde Disziplinen – Philosophie und mediale Erzählungen – zum Zweck einer vermeintlichen, gegenseitigen Erläuterung eingesetzt und kurzgeschlossen werden.

In diesem Buch möchte ich einen ganz anderen Versuch wagen: Im Folgenden wird es darum gehen, den theoretischen, im eigentlichen Sinn *philosophischen* Inhalt der Fernsehserie *True Detective* (HBO, 2014-heute) freizulegen. Diese wird dabei als eigenständiges philosophisches Werk betrachtet und nicht lediglich als Fernsehserie, die philosophische Inhalte bearbeitet, indem sie ihr fremde, aus der Geschichte der Philosophie entnommene Themen in Bilder übersetzt. Aus diesem Vorgang soll eine »Philosophie *der* Medien« hervorgehen, wobei der Genitiv als Genitivus possessivus zu verstehen ist: Er bezeichnet also die Philosophie, die den Medien eigen ist[7] bzw. durch Ausdrucksmittel vorgebracht wird, die für die Medien maßgebend sind. Bei *True Detective* erfolgt dies nicht in textueller Form, durch schriftliche Äußerungen, sondern mittels eines bestimmten audiovisuellen Formats: der Anthologieserie.

Die Eigenschaften der Fernsehserie als audiovisueller Gattung erforderten eine eingehende, spezifische Untersuchung, die den Rahmen dieser Arbeit sprengen würde. Ich werde an dieser Stelle daher le-

---

[7] Eine der spannendsten unter den wenigen italienischen Arbeiten zu *True Detective* ist L. Marchetti (a cura di), *True Detective. Viaggi al termine della notte*, Firenze: Go-Ware 2014 (E-Book). Dies ist kein Zufall, denn bei diesem Band handelt es sich um ein hybrides Werk, das einen eher journalistischen denn streng wissenschaftlichen Ton pflegt und unterschiedliche Zugänge und Perspektiven bietet (die Publikation versammelt wissenschaftliche Essays über Serie, Schauspieler:innen, Produzenten und Regisseur, aber auch Interviews mit dem Drehbuchautor Pizzolatto und einen nützlichen Überblick über Themen, Darsteller:innen, Rollen, Soundtrack und Kuriosa der einzelnen Folgen). Gerade diese Vielfalt erlaubt es dem Band, besonders interessante Aspekte der Serie herauszustreichen – nicht zuletzt dank dem speziellen Augenmerk, das darin auf den Background von Drehbuchautor Pizzolatto und Regisseur Fukunaga gelegt wird.

diglich auf jene Merkmale hinweisen, die *True Detective* zu einem nahezu idealen Raum für den Ausdruck philosophischer Inhalte gemacht haben (und weiterhin machen).

Zum einen verfügt die Fernsehserie – anders als der Film – über die Möglichkeit einer ausgedehnten Handlungsentwicklung. Während der Film eine standardisierte, zeitlich begrenzte Dauer aufweist, die selten drei Stunden überschreitet, erlaubt es die Fernsehserie den Zuschauer:innen, die Entfaltung der Ereignisse für einen ungleich längeren Zeitraum in mehreren Staffeln zu verfolgen, deren Dauer manchmal sogar in Tagen statt in Stunden berechnet wird.[8] Für Serien, die den Schwerpunkt auf Introspektion und auf die psychologische Entwicklung der Hauptfiguren und weniger auf die Handlung legen, eröffnet sich dadurch die Möglichkeit, Prozesse der Veränderung bzw. der Charakterentwicklung zu inszenieren, die im Film nur durch dramaturgische

8 Die Gesamtdauer, auf die sich die Zuschauer:innen einstellen können, beläuft sich beispielsweise bei *Breaking Bad* (AMC, USA 2008-2013) auf etwas über zwei Tage. Dies entspricht der Summe der Dauer aller 62 Folgen mit einer Länge von jeweils 45-56 Minuten.

Stilmittel wie die Rückblende oder die Ellipse dargestellt werden können.[9] In *True Detective*, insbesondere in der ersten (und der dritten) Staffel, sind beide Vorgänge gleichzeitig am Werk: Wir haben es einerseits mit einem achtstündigen Film zu tun, der während seiner gesamten Dauer das Innenleben der Protagonisten minuziös erkundet, und andererseits mit einer Reihe von Zeitblenden, anhand derer die Zuschauer:innen drei Zeitebenen verfolgen können, die teils einander überlagern und teils parallel zueinander verlaufen, um sich am Ende gleichsam zusam-

---

9 Die Ellipse kann entweder textuell durch ein Insert erfolgen (z.B. durch die klassische, zwischen zwei Sequenzen eingeschobene schwarze Schrifttafel, die auf die Dauer der Auslassung verweist: »Drei Jahre später«, »August 1995« usw.) oder aber durch den Einsatz von mehr oder weniger subtilen bildlichen Lösungen dargestellt werden (man denke an die äußerst kraftvolle, ikonische Szene aus Stanley Kubricks *2001: Odyssee im Weltraum*, in der ein von einem Schimpansen geworfener Knochen – unterlegt mit Strauss' Vertonung von *Also sprach Zarathustra* – sich in ein Raumschiff verwandelt, womit die Entwicklung des Menschen vom Affen zum intergalaktischen Wesen symbolisiert werden soll). Ungeachtet der spezifischen Umsetzung bleiben die Eigenschaften der Ellipse als Stilmittel jedoch unverändert.

menzufügen. Diese sind: die Zeit, in der der erste Erzählblock stattfindet (im Jahr 1995), ein etwas späterer Zeitabschnitt (im Jahr 2002) und ein letzter Zeitabschnitt (im Jahr 2012), in dem die Ereignisse der ersten zwei Phasen von den Figuren erzählt, zusammengefasst und in einer abschließenden Klimax aufgelöst werden. In der zweiten Staffel ergeben sich die verschiedenen Erzählebenen hingegen aus der Aufteilung der Hauptrolle auf vier Charaktere, die dieselben Geschehnisse aus unterschiedlichen, miteinander verbundenen und einander ergänzenden Perspektiven schildern. In der dritten Staffel kehrt die dreiteilige Erzählstruktur zurück, mit der die Zuschauer:innen aus der ersten Staffel vertraut sind.

Zusammenfassend lässt sich in dieser doppelten zeitlichen Ausdehnung eines der ersten, grundsätzlichen Kennzeichen von *True Detective* ausmachen: Wir treffen einerseits auf lange Narrationen, die es erlauben, sowohl die Selbstbeobachtung als auch die diachronische Entwicklung der Figuren zu vertiefen, und andererseits auf in sich abgeschlossene Handlungsbögen. Die erste Staffel von *True Detective* stellte einen der ersten (gelungenen) Versuche einer Anthologieserie dar. Dieser Ausdruck bezeichnet eine vollständige narrative Einheit (den oben erwähnten

»achtstündigen Film«), die dennoch eine Fortsetzung zulässt – zwar nicht mit demselben Plot, aber mit ähnlicher Struktur (in diesem Fall mit dem klassischen Aufbau der Krimiserie bzw. des Film noir).

Das zweite, mit der eben besprochenen Zeitgestaltung eng verbundene Merkmal liegt im monologischen/dialogischen Charakter der Serie begründet. Auch dieser trägt dazu bei, dass sich *True Detective* als besonders geeignet für die Vermittlung philosophischer Inhalte erweist: Die Möglichkeit, die Handlung auf mehrere Stunden zu verteilen, wird hier effektiv genutzt, um das Augenmerk auf die Dialoge und die Monologe der Hauptfiguren zu lenken. Die »sprachzentrierte« Struktur bietet zwei Vorteile: Einerseits erlaubt sie es, Themen und Charaktere gleichsam in Reinform, d.h. ohne Störung durch die Handlung zu vertiefen, während die Aktion im engeren Sinn auf stark verdichtete Sequenzen[10] konzentriert wird; an-

---

10 Der Autor Pizzolatto widmet den Actionszenen eine Folge in jeder Staffel. Diese Episoden nehmen eine mittlere Stellung in der Erzählung ein (in der ersten und der dritten Staffel ist es die fünfte Folge, in der zweiten Staffel die vierte). Sie inszenieren – nicht zufällig – äußerst brutale Kämpfe zwischen den Hauptfiguren und Vertreter:innen von Gruppen, deren Gewaltbereitschaft in der amerikani-

dererseits verleiht sie dem Hintergrund, vor dem sich die dramatische Handlung abspielt, besondere Relevanz. Die ungesunden Sumpfgebiete Louisianas, die verpestete Industriestadt Vinci oder Arkansas' tiefe, rassistische Provinz bilden nicht nur die jeweiligen Kulissen der ersten drei Staffeln, sondern auch wahrhaftige kosmo- bzw. chronologische Einheiten, die sich in die Erzählung wie »stumme Darsteller« einschreiben.[11] Diese Struktur ergibt sich aus der szenischen Abfolge von gesprochenen Sequenzen und solchen, in denen die Protagonisten durch die Landschaft (meistens mit dem Auto) fahren, um die großen Entfernungen zwischen den amerikanischen Orten zu überwinden. In diesen Abschnitten wird der Hintergrund zum eigentlichen Hauptdarsteller, der die Erzählung an zeitlich und räumlich entschei-

---

schen kollektiven Vorstellung sinnbildlich ist: Bikers und Mitglieder von afroamerikanischen Gangs in der ersten Staffel, mexikanische Drogenhändler in der zweiten, die rassistische und ultrakonservative suburbane Unterschicht in der dritten.

[11] Vgl. Pizzolattos Aussagen im Kapitel »Pizzolatto speaks!« in: L. Marchetti (a cura di), *True Detective. Viaggi al termine della notte*, a.a.O., o.S.: »Die Landschaft ist die dritte wahre Hauptdarstellerin der Serie.«

denden Stellen prägt und der oft von einer Musik untermalt ist, die selbst zum Bestandteil der Erzählung wird.[12]

Diese strukturellen, den ersten drei Staffeln gemeinsamen Eigenschaften bilden die Hauptachsen der philosophischen Narration von *True Detective*. In inhaltlicher Hinsicht zeichnet sich indes jede Staffel durch eigene Themen und eigene narrative Modalitäten aus, die mitunter stark voneinander abweichen.

Im vorliegenden Buch werde ich versuchen, spezifische Merkmale, Inhalte, Handlungen und rein philosophische Spuren der ersten Staffel zu identifizieren und herauszuarbeiten. Ich werde dies in der

---

[12] Dieses Element tritt besonders in der zweiten Staffel hervor, vermittelt durch die Live-Auftritte der Sängerin Lera Lynn in einer Bar, die als wiederkehrende Kulisse zahlreicher Szenen dient. Ein ähnlicher dramaturgischer Kniff findet sich in der dritten Staffel von David Lynchs *Twin Peaks* (Showtime, USA 2017), wenngleich mit einigen Unterschieden: Hier sind die Live-Konzerte in der *Bang Bang Bar*, einer ebenfalls wiederkehrenden Location vieler Episoden, nicht in die Handlung eingebaut, sondern bilden den Übergang zwischen den einzelnen Episoden und der Abspannmusik (um schließlich in den Soundtrack der Staffel zu fließen).

Überzeugung tun, dass in einer Fernsehserie (und besonders in *True Detective*) erzählerische und darstellerische Elemente, Dialoge, Szenenbild, Fotografie und Musik unterschiedliche Aspekte einer im engeren Sinn philosophischen Konstruktion, oder besser einer eigenständigen Philosophie bilden, die ich als *Philosophie des Negativen* bezeichnen möchte.

Wie eine Höhlenmalerei

Vor dem Hintergrund weiter Zuckerrohrfelder zeichnet ein von Menschenhand entfachtes Feuer einen perfekten Kreis, in dessen Mitte sich ein riesiger, archaischer, vorzeitlicher Baum erhebt. Während der Himmel sich verfärbt und die Nacht in den Tag übergeht, betritt eine Figur die Szene. Auf ihren Schultern lastet etwas Gewichtiges, vielleicht ein Tiergerippe. Sein Umriss bleibt undeutlich, denn die unförmige Masse vermag es nicht, die Schwelle zwischen Mensch und Tier zu überschreiten, oder besser: Sie verharrt diesseits davon.

Mit diesen Einstellungen beginnt die erste Folge der ersten Staffel von *True Detective*.

Am nächsten Morgen, unter dem bleiernen Himmel desselben Landstriches, der sich bald als das südliche Louisiana herausstellen wird, treten zum ersten Mal die zwei Protagonisten auf: die »wahren« Detektive Martin Eric »Marty« Hart und Rustin Spencer »Rust« Cohle. Sie sind mit den Ermittlungen zum Mordfall einer jungen Frau, der Prostituierten

Dora Lange, beauftragt worden, deren Leiche sich unter dem Baum befindet. Die fließende Grenze zwischen Mensch und Tier, die in der Dunkelheit noch bewahrt werden konnte, hat sich im Tageslicht verflüchtigt. Das Feld gehört nun der Gewissheit der Vernunftwesen: Die Masse auf den Schultern der Gestalt aus der ersten Szene war kein Tiergerippe, sondern der Körper eines Menschen, der infolge unsagbarer Folterungen gestorben ist. Hat nun das Licht tatsächlich die Finsternis vertrieben? Sind die Nacht und die Dunkelheit endgültig der Dämmerung und der Vernunft gewichen?

Die gesamte erste Staffel von *True Detective* könnte im Licht dieser Fragen und dieser ersten Szenen gelesen werden. Der Titel der einleitenden Folge (*The Long Bright Dark / Die lange strahlende Dunkelheit*) kündigt bereits an, dass dem Gegensatzpaar Licht/Dunkelheit eine wesentliche Rolle zukommen wird. Es ist jene Dichotomie, von der die antiken Kulturen nahezu besessen waren: Ausgehend von dem Kampf, der gegenseitigen Ablösung und der Abspaltung ihrer zwei Teile sind schließlich viele der ältesten Religionen der Menschheitsgeschichte entstanden.[1]

Auch die Handlungen des Täters – von der Ortswahl (ein isolierter, riesiger Baum)[2] bis zur Entscheidung, ein Feuer anzuzünden, um auf seine Tat aufmerksam zu machen (und sich gleichsam dazu zu bekennen)[3] – verweisen auf einen archaischen, rituellen Kontext, der in der Stellung des Opfers besonders offensichtlich wird. Die tote Frau ist nackt, hingekniet mit gefalteten, zusammengebundenen Händen, in Gebetshaltung. Die Haare, die das Gesicht verdecken, und die Augenbinde, die sie trägt, sprechen für

---

1 Zum symbolischen Wert der Dichotomie Licht/Dunkelheit vgl. M. Eliade, »Le symbolisme des ténèbres dans les religions archaïques«, in: *Études carmelitaines* 39 (1960), S. 15-28 und Ders., *Die Religionen und das Heilige. Elemente der Religionsgeschichte* [1949], aus dem Französischen von M. Rassem und I. Köck, Salzburg: Müller [2]1967, S. 147-216.

2 Zum Symbolcharakter großer Bäume in den antiken Religionen vgl. ebd., S. 299-376.

3 Wie auch Rust in einer späteren Episode bemerken wird. Vgl. dazu N. Pizzolatto (Drehbuch), *True Detective*, HBO, USA 2014, Staffel 1, Folge 3, Minute 15. Ab hier werde ich folgende Kürzel verwenden: TD für *True Detective*, S für Staffel und F für Folge.

eine gewisse Achtlosigkeit des Täters gegenüber ihrer Individualität: Das Haar verbirgt die Gesichtszüge und lässt sie fast gleichgültig, unpersönlich erscheinen. Das Haupt ist umringt von einer Krone aus Rosendornen, an der ein Hirschgeweih befestigt ist. Auf dem Rücken der jungen Frau ist ein spiralförmiges Kreissymbol aufgemalt. Am Tatort befinden sich zudem vier »Fetische«, vier Gitter aus dünnen, verflochtenen Zweigen, die zierliche Pyramiden bilden.[4]

Rust begreift sofort die zutiefst symbolische Bedeutung dieser Inszenierung im psychischen Bezugssystem des Täters: »Ihr Körper ist das Objekt seiner Parafilie«[5], sagt er angesichts von Doras Leiche, und beeilt sich, seinem Kollegen zu erklären, der leblose Körper zeuge von einer perversen Mischung aus kör-

---

4 In einer späteren Szene wird ein Pfarrer Rust und Marty erklären, jene Fetische seien auf die abergläubischen Praktiken der *Santería* zurückzuführen und volkstümlich als »Vogelfallen« oder »Teufelsnetze« bekannt (vgl. TD, S01F01, Minute 33). Beide Bezeichnungen werden sich im Laufe der Serie als überaus treffend erweisen, sofern die »Vögel« stellvertretend für die unschuldigen Opfer stehen und der »Teufel« eine Metapher für die mörderische Sekte ist, gegen die sich die Ermittlungen richten.

5 TD, S01F01, Minute 10.

perlicher Lust, Fantasien und gesellschaftlich geächteten Praktiken. Rust, in dessen Wohnung sich nur wenige Bücher befinden (allesamt zu Themen der Kriminal- und forensischen Psychologie)[6], konzentriert sich zunächst auf das psycho-pathologische Profil des Täters, den er als »Metapsychotiker« bezeichnet. Diese Definition liefert einen entscheidenden Hinweis für das Verständnis der Persönlichkeit des Detektivs aus Galveston[7], Texas. Der Begriff »Metapsychotiker« findet sich nämlich in keiner psychologischen oder psychoanalytischen Abhandlung.[8] In

---

6 Unter den Büchern, auf die Marty in Rusts spärlich eingerichteter Wohnung einen flüchtigen Blick wirft, sind folgende Titel erkennbar: *Sex Crimes*; *Serial Killer*; *The Encyclopedia of Forensic Science*; *Practical Homicide Investigation*. Vgl. TD, S01F01, Minute 9.

7 Galveston ist auch der Ort, an dem Nic Pizzolattos einziger Roman spielt. Vgl. N. Pizzolatto, *Galveston* [2010], aus dem Amerikanischen von S. Salitter und G. Blank, Berlin: Metrolit 2014.

8 Selbst wenn man die spannende, wenn auch forcierte Hypothese weiterverfolgt, Rusts Definition könnte einen Bezug zu Sigmund Freuds »Metapsychologie« enthalten, erweist sich diese Fährte bald als unergiebig. In den fünf der ursprünglich zwölf geplanten metapsychologischen Schriften Freuds findet sich meines Wissens kein Hinweis auf mögliche Übereinstimmungen mit dem von Rust skiz-

dieser ersten Phase der Ermittlungen liegt also Rust schlicht und einfach falsch. Er setzt die falschen Mittel – diejenigen der forensischen Psychologie – ein, um einen Mordfall zu entziffern, der sich auf einer ganz anderen Ebene – derjenigen des Zeremoniells, des Opferrituals – ansiedelt.

Der Gerichtsmediziner, der nach dem Leichenfund die Obduktion durchführt, beschreibt die Gegenstände am und um den Körper von Dora Lange nicht zufällig als »primitiv, wie eine Höhlenmalerei«, und empfiehlt den zwei Detektiven: »Reden Sie mit einem Anthropologen.«[9] Sein Rat wird nicht befolgt, und die Protagonisten – wie sich im Laufe der Serie herausstellen wird – werden ganze siebzehn Jahre benötigen, um den Fall aufzuklären (und dies auch nur teilweise).

Die ermordete (rituell geopferte) Frau hätte einem Anthropologen viel zu erzählen gehabt. Vergleicht man ihr Erscheinungsbild am Tatort mit der

---

zierten Täterprofil. Vgl. S. Freud, »Metapsychologische Schriften« [1915], in: Ders., *Das Ich und das Es. Metapsychologische Schriften*, Frankfurt/M.: Fischer 1992, S. 79-189.

9 TD, S01F01, Minute 28. Erst zu einem späteren Zeitpunkt wird Rust begreifen, dass sich hinter den Morden »eine Art Kultur« verbirgt (vgl. TD, S01F03, Minute 15).

als »Der Zauberer« bekannten Malerei aus der Trois-Frères-Höhle, so lassen sich viele Ähnlichkeiten feststellen (erkennbar auch in der Kopie des altsteinzeitlichen Bildes, die der Jesuitenpater und Anthropologe Henri Brueil in den 20er Jahren des vergangenen Jahrhunderts anfertigte[10] – siehe Abb. 1).

Der »Zauberer« und das (rituelle) Opfer aus *True Detective* weisen nicht nur formale Übereinstimmungen, sondern auch eine tiefere, symbolische und inhaltliche Verbindung auf. Beide zeugen von einer Zone der Unbestimmtheit zwischen Mensch und Tier, die sowohl auf die Ursprünge des Menschlichen (also auf eine sakrale, archaische, stumme, unbegreifliche und brutale Welt) als auch auf dessen Ende verweist, d.h. auf die Auflösung der scharfen Trennung Mensch/Tier, auf das (erneute) Tierwerden des Menschen am Ende der Zeiten: »am letzten Tag [wird] die Beziehung zwischen Tieren und Menschen eine neue Form annehmen und [...] der Mensch [wird] sich selbst mit seiner tierischen Natur ver-

10 Vgl. H. Bégouën, H. Breuil, *Les Cavernes du Volp: Trois-Frères – Tuc d'Audoubert à Montesquieu-Avantès (Ariège)*, Paris: Institut de Paléontologie Humaine 1958.

söhnen«.[11] Mit einem Unterschied: Anders als in der hier evozierten Erzählung jüdisch-christlicher Abstammung, findet in *True Detective* keine abschließende »Versöhnung« statt, sondern ein tiefer Fall, ein Absinken des Menschen in den Abgrund des Tierischen. Sichtbar, konkret und fassbar wird dieser Abgrund im Fall von Dora Lange (und höchst wahrscheinlich auch der anderen Opfer von Errol Childress und seiner Akolythen) durch die Verabreichung von halluzinogenen Substanzen wie Metamphetaminen und LSD. Der Einsatz von Rauschgift bei einem ohnehin wehrlosen Opfer lässt sich nur dadurch erklären, dass dessen Selbstwahrnehmung im Zuge der Ermordung eine zentrale Rolle spielt: Die Drogen dienen dazu, die Grenze zwischen Menschlichem und Tierischem zu überwinden, sie lassen das Opfer im letzten Augenblick seines irdischen Lebens nahtlos in das Nicht-Menschliche hinübergleiten.

Das »Finstere und Tiefe« solcher Rituale wird auch von Ludwig Wittgenstein als Kritiker und Exegeten von James Frazers Werk hervorgehoben. In *Be-*

---

[11] G. Agamben, *Das Offene. Der Mensch und das Tier* [2002], aus dem Italienischen von D. Giuriato, Frankfurt/M.: Suhrkamp 2003, S. 13.

merkungen über Frazers »Golden Bough« sieht Wittgenstein im Rituellen, oder besser im »Zeremoniellen«, eine Art Grundeigenschaft der Menschheit: »Man könnte fast sagen, der Mensch sei ein zeremonielles Tier.«[12] Das Finstere, von dem hier die Rede ist, verwehrt insofern eine Versöhnung, als es sich außerhalb der linearen Zeitauffassung ansiedelt: Während die christlich-jüdische Tradition das Denken eines »Endes« der Zeit und somit ein abschließendes, erlösendes Moment zulässt, bringt die Opfergabe eine spiralförmige Vorstellung der Zeit zum Ausdruck.[13] Die Spirale verweist auf eine Zeit, die

---

12 L. Wittgenstein, »Bemerkungen über James Frazers *The Golden Bough*« [1967], in: Ders., *Vortrag über Ethik und andere kleinere Schriften*, herausgegeben von J. Schulte, Frankfurt/M.: Suhrkamp 1989, S. 35.

13 In diesem Punkt weicht meine Interpretation der Spirale als Opfersymbols in *True Detective* von derjenigen Tommaso Ariemmas ab (vgl. T. Ariemma, *La filosofia spiegata con le serie TV*, Milano: Mondadori 2018, S. 16). Der Autor legt die bösartige Figur der Spirale als Symbol der Zeit aus und stellt ihr den Kreis als Figur der Zeitlosigkeit (im Sinne Parmenides', aber Ariemma zufolge auch Rust Cohles) gegenüber. Ich halte es im Gegenteil für plausibel, die Spirale im Kontext der hier inszenierten, blasphemischen und mörderischen Ritualität als eine Figur der

sich zusammenfaltet, um sich in ihren Falten endlos zu wiederholen. Auch der Ritus wiederholt sich unaufhörlich: Die Zeit der vorchristlichen Opfergabe, wie René Girard[14] gezeigt hat, ist kreisförmig, ihr Rhythmus wird allein durch die Gewalt der rituellen Opferung bestimmt: »Wer Gewalt unterbinden will, kann ohne Gewalt nicht auskommen. Aber gerade deshalb, ist die Gewalt endlos.«[15] Die rituelle Opferung und die Figur des Mensch-Tieres fließen im Begriff der Verwandlung zusammen:

> [...] Menschlich-tierische Doppelgebilde [waren] bei unzähligen Völkern der Erde, die in keiner Ver-

---

Ewigkeit zu betrachten – als Figur der ewigen Ver- und Umwandlungen von Menschen und Tieren, der Wiederholung von Zeit und Leid, der wiederkehrenden Opferrituale. Diese Elemente nehmen im Übrigen einen festen Platz in der abscheulichen Vorstellungswelt von Childress, Ledoux und den anderen Mörderfiguren der Serie ein: Die Spirale ist der Kreis.

14 Vgl. R. Girard, *Ich sah den Satan vom Himmel fallen wie einen Blitz* [1999], aus dem Französischen von E. Mainberger-Ruh, Frankfurt/M.: Verlag der Weltreligionen 2008, S. 21-49. Vgl. auch Ders., *Das Heilige und die Gewalt* [1972], aus dem Französischen von E. Mainberger-Ruh, Frankfurt/M.: Fischer 1994, S. 9-61.

15 Ebd., S. 43-44.

> bindung miteinander standen, gang und gäbe. [...] Wie sind diese urtümlichen Figuren aufzufassen? Was eigentlich stellen sie dar? Um sie zu begreifen, muß man sich vor Augen halten, daß sie als Bewohner der Urzeit gelten, einer Zeit, in der Verwandlung eine allgemeine Gabe der Geschöpfe war und unaufhörlich stattfand. Die Fluidität der damaligen Welt ist oft hervorgehoben worden. Man konnte sich selbst in alles mögliche verwandeln; aber man hatte auch die Macht, andere zu verwandeln.[16]

Durch die Verwandlung kann der rituelle Akteur »dies oder jenes sein, aber dies oder jenes bleiben voneinander getrennt, denn dazwischen ist er immer wieder er selbst.«[17] In seiner tiefgründigen Analyse der Verwandlung[18] beschreibt Elias Canetti auf anschauliche Weise die Struktur der rituellen Gewalt. Diese Struktur, die einer völlig *anderen* Logik gehorcht, findet sich auch in der Gewalt wieder, die den Opfern aus der Fernsehserie zugefügt wird: »Die Verwandlung ist der wesentliche Teil der Darstellung.

---

[16] E. Canetti, *Masse und Macht* [1960], Frankfurt/M.: Fischer 1980, S. 442.

[17] Ebd., S. 402.

[18] Vgl. ebd., S. 397-455.

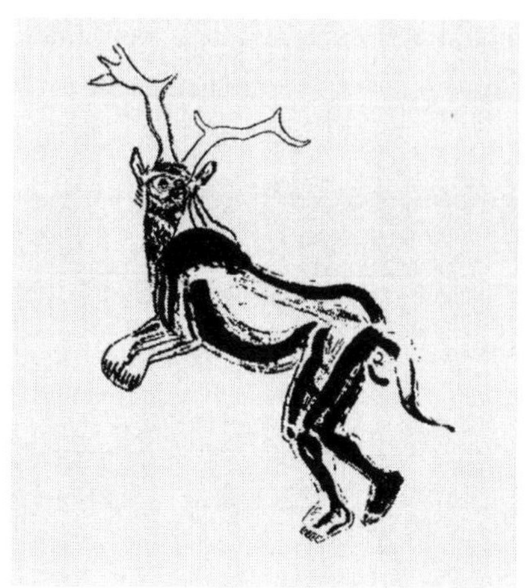

Abb. 1: Der »Zauberer« aus der Trois-Frères-Höhle (Frankreich) in der Zeichnung von Henri Brueil

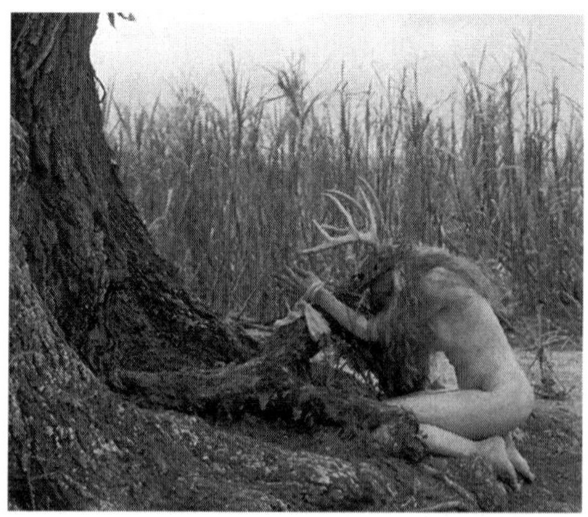

Abb. 2: Dora Lange am Tag der Entdeckung ihres Körpers, dem 3. Januar 1995 [TD, S01F01]

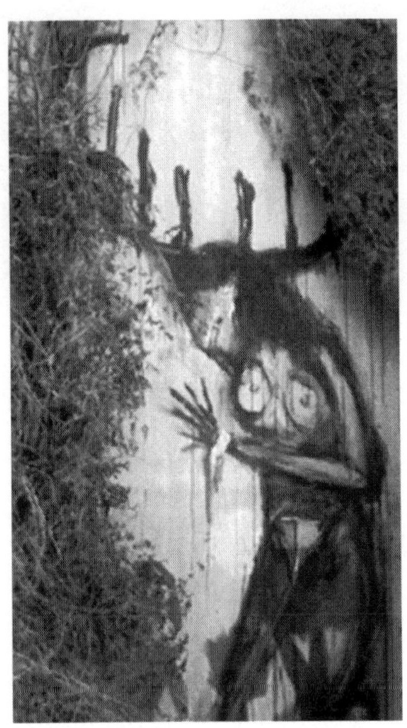

Abb. 3: Das Wandgemälde einer Frau mit Hirschgeweih, das Marty und Rust in einer verlassenen Kirche entdecken werden [TD, S01F03]

Solange sie richtig statt hat, bleibt die Verwandtschaft eine wohlbegründete, und man kann das Tier, das man selber ist, auf diese Weise zur Vermehrung zwingen.«[19]

Die im Zuge der rituellen Opferung ermordeten, entmenschlichten, in Tiere verwandelten Frauen gewähren dem Täter, der das Ritual vollzieht, einen Lust- und Machtgewinn, eine »Vermehrung« im Sinne Canettis. Im Zuge des Rituals werden Opfer, Vollzieher, Tier, Mensch und Gott schließlich eins. Sie verwandeln sich ineinander (Metamorphose) und transzendieren sich gegenseitig in einem Prozess der steten Erneuerung. Unter diesen Vorzeichen wird sich die Gewalt verewigen: Dies erklärt sowohl die spiralförmigen Symbole als auch Rusts Überzeugung, dass sich das Grauen wiederholen wird, so wie es in der Vergangenheit aller Wahrscheinlichkeit nach in ähnlicher Form bereits stattgefunden hat.

Aus diesem Grund müssen Rust und Marty rasch handeln.

---

[19] Ebd., S. 424.

Eine letzte Mitternacht

Nach der Tatortuntersuchung steigen Rust und Marty wieder ins Auto. Es ist der 3. Januar 1995. Marty kann es nicht ahnen, aber an diesem Tag hätte Rusts kleine Tochter, die wenige Jahre zuvor bei einem Autounfall gestorben war, ihren Geburtstag gefeiert. Er wählt diesen äußerst unpassenden Moment, um seinen wortkargen Ermittlungskollegen besser kennenzulernen. Auch die Einladung zum Abendessen mit seiner Familie, die er noch am Tatort ausspricht, wirkt ungeschickt. Das Verbrechen, der Jahrestag und der Druck durch Marty bilden die idealen Rahmenbedingungen für den ersten der vielen denkwürdigen Dialoge der Serie[1] (die freilich eher Monologen Rusts denn echten Gesprächen gleichen).

Zu Beginn der Szene zeichnet sich bereits Rusts abgründige Persönlichkeit ab: »Die Leute hier schei-

---

1 Für eine überzeugende Interpretation dieses Dialogs vgl. A. Abruzzese, »True Post-Human Detective«, in: L. Marchetti (a cura di), *True Detective. Viaggi al termine della notte*, a.a.O., o.S.

nen nicht mal zu wissen, dass die Welt da draußen existiert. [...] Das ist alles ein einziges Ghetto, Mann. Eine riesige Gosse im Weltall.«[2] In wenigen, trockenen Sätzen fasst der Detektiv seine antihumanistischen, weltfeindlichen Ansichten zusammen. Diesen zufolge seien die Menschen und die Welt keiner Beachtung wert (oder gar existenzunwürdig); die Menschen insbesondere seien ahnungslose, schwachsinnige und übelriechende Wesen, die zusammen jenen ekelerregenden Haufen bilden, den wir Welt nennen, aber in Wahrheit eine einzige Gosse ist. Zur Verachtung gegenüber der Menschheit und der Welt gesellt sich bei Rust ein drittes Element, das seine persönliche nihilistische Dreieinigkeit vervollständigt: Auf Martys Frage, wie eine solche Weltanschauung und ein solches Menschheitsverständnis mit dem christlichen Glauben vereinbar seien (Marty hatte in Rusts Wohnung ein Kruzifix gesehen), antwortet Rust, das Kruzifix sei nicht Ausdruck seines Glaubens, sondern »eine Form der Meditation«. In einer sehr per-

---

[2] TD, S01F01, Minute 13. Falls nicht anders angegeben, stammen alle in diesem Kapitel angeführten Zitate aus dieser Dialogszene.

sönlichen Abwandlung der *Nachfolge Christi*[3] erklärt Rust, beim Anblick des Kruzifixes denke er »über den Moment im Garten Gethsemane, [...] über die Vorstellung, die eigene Kreuzigung zuzulassen« nach. Gegen den Menschen, gegen die Welt und gegen sich selbst: Das ist das dritte und letzte Ziel von Rusts kosmischem Pessimismus. Wie bereits bei der Erstellung des Täterprofils, so verwebt Rust auch in seinen existenziellen Ansichten Wissenschaft und philosophische Überzeugungen zu einer sehr persönlichen Collage:

> Das menschliche Bewusstsein war ein tragischer Fehltritt der Evolution. Wir sind uns unserer selbst zu sehr bewusst. Die Natur hat einen Teil geschaffen, der von ihr selbst getrennt ist. Laut den Naturgesetzen sollten wir gar nicht existieren. Wir sind Dinge, die sich mit der Illusion plagen, ein »Ich« zu haben. Diese Wertschätzung von sinnlichen Erfah-

---

3 »Sich selbst zu verleugnen« und Christus »durch das Kreuz nachzufolgen« zählt seit jeher zu den »klassischen« spirituellen Übungen eines guten Christen und ist somit keine blasphemische Erfindung Rusts. Man vergleiche Th. von Kempen, *Das Buch von der Nachfolge Christi*, übers. von J. M. Sailer, Stuttgart: Reclam 1986, S. 181-183.

rungen und Gefühlen. Wir sind mit der Gewissheit programmiert, dass wir alle jemand sind. Dabei sind wir alle ein Niemand.

Diese Sätze – vermittelt durch Nic Pizzolattos Feder und Rusts Mund[4] – spiegeln die eisige, antihumanistische Vision einer der interessantesten Figuren der

---

4 Zeitgleich mit der Erstausstrahlung der Serie wurde über ein mögliches Plagiat von Ligottis Werk durch Pizzolatto spekuliert, nachdem zahlreiche Zuschauer:innen in Rusts Worten die fast wortgetreue Wiedergabe von Ligottis Thesen erkannt hatten. Für eine Rekonstruktion der Plagiatsvorwürfe und einen direkten Vergleich zwischen Rusts Worten und Ligottis Text (T. Ligotti, *The Conspiracy Against the Human Race*, New York: Hippocampus Press 2010) vgl. Mike Davis' Interview mit Jon Padget, Betreiber der Webseite www.ligotti.net, in *Lovecraftzine*, 04.08.2014 (https://lovecraftzine.com/ 2014/08/04/did-the-writer-of-true-detective-plagiarize-thomas-ligotti-and-others). Dieses Interview liefert zudem einen Überblick über weitere relevante Beiträge zur Debatte. Für eine wissenschaftliche Analyse, die über die Plagiatsfrage hinaus auch die inhaltlichen Berührungspunkte (und Unterschiede) zwischen *True Detective* und *The Conspiracy Against the Human Race* beleuchtet, vgl. J. Elmore, »More Than Simple Plagiarism: Ligotti, Pizzolatto, and True Detective's Terrestrial Horror«, in: *Dialogue: The Interdisciplinary Journal of Popular Culture and Pedagogy*, vol.

zeitgenössischen amerikanischen Literaturszene wider: Thomas Ligotti, der vielleicht einzig wahre Erbe von Howard Phillips Lovecraft. Ligotti, ein dem breiten Publikum relativ unbekannter, aber mehrfach ausgezeichneter Autor, dessen belletristisches Werk dem Horrorgenre zuzuordnen ist, hat 2010 einen äußerst merkwürdigen Band mit dem vielsagenden Titel *The Conspiracy Against the Human Race* herausgebracht. Dieses Buch, das Theorie und Fiktion verbindet, ist durch eine Grundstimmung eisiger, verzweifelter und angsterfüllter Klaustrophobie geprägt. Ligotti zufolge sind wir alle in unserem Körper, unserem Gehirn und unserem Leben eingesperrt, obwohl wir dies weder verlangt noch je gewollt haben. Dieser Zustand wäre an sich bereits grauenerregend genug, wäre da kein noch größerer – da unscharf begrenzter – Gräuel: der Tod. Ligotti entwickelt seine Argumentation mit bestechender und zugleich naiver Schlichtheit, ausgehend von einer radikalen These: Die philosophische und existenzielle Prämisse, das Leben sei etwas *Gutes*, stelle eine absurde, in höchstem Maße ungerechtfertigte und

---

IV, n. 1, 2017, http://journaldialogue.org/wp-con-tent/uploads/2017/12/3-Elmore.pdf.

grundsätzlich falsche Annahme dar. Das Leben sei, so Ligotti, *gar nicht gut*, sondern eine falsche Voraussetzung, eine falsche Prämisse, die als solche die Gültigkeit des gesamten Systems – jedes denkbaren Systems – entkräfte.

Ligotti stützt seine Weltanschauung wiederum auf *The Last Messiah* (*Der letzte Messias*, 1933), das bedeutendste Werk eines weitgehend unbekannten norwegischen Philosophen und Literaten namens Peter Wessel Zapffe (1899-1990), Verfechters eines ultraradikalen, antihumanistischen und antinatalistischen Pessimismus. Von Zapffe (vermittelt durch Ligotti) übernimmt Pizzolatto eine Idee, die er Rust in den Mund legt: »Die Tragödie der menschlichen Existenz nahm ihren Anfang, als wir in einer bestimmten Phase unserer Evolution einen ›verdammten Bewusstseinsüberschuss‹ erwarben. [...] Während eine kleine Menge an Bewusstsein, so behauptet eine Theorie, in einem unvordenklichen Abschnitt der Evolution zu unserem Überleben beigetragen haben könnte, ist dieses Vermögen sehr bald zu einer aufrührerischen Kraft geworden, die gegen uns handelt.«[5]

---

[5] T. Ligotti, *The Conspiracy Against the Human Race*, a.a.O., S. 25-29.

Von Ligotti stammt auch Rusts Idee, die Menschen seien *Dinge*, »die sich mit der Illusion plagen, ein ›Ich‹ zu haben«.

Die vollständige und grauenvollste Darstellung von Ligottis Kosmos, des Kosmos *nach* Ligotti, findet sich in der kurzen Erzählung *Mad Night of Atonement* [*Irrwitzige Nacht der Erlösung*]. Im Mittelpunkt der Handlung steht eine Entdeckung des Wissenschaftlers Francis Haxhausen, der sich vom renommierten Forscher zu einem von der Öffentlichkeit und der wissenschaftlichen Gemeinde geächteten Scharlatan gewandelt hat. Haxhausen war es gelungen, durch die Verbindung von wissenschaftlichen Erkenntnissen und Geheimlehren eine Maschine zu bauen, die ihn in die Lage versetzt hatte, das Ganze der Wirklichkeit, die kosmische Realität aus dem Blickwinkel des Schöpfers zu betrachten. Angesichts der Art, aber vor allem der Tragweite seiner Entdeckung hatte er später entschieden, den Habitus des Wissenschaftlers abzulegen und auf die für die Naturwissenschaften üblichen Ausdrucksmittel und Methoden (Vorträge, Experimente, wissenschaftliche Publikationen) zu verzichten, um in die Rolle eines Prediger-Schaustellers zu schlüpfen, der seine wissenschaftlichen Errungenschaften in exaltierten Vorführungen auf einer Wanderbühne vorstellte. Die Zuschauer:innen, die die Welt mit den Augen Gottes – nach Haxhausens getreuer Wiedergabe – sehen wollten, erwartete folgendes Spektakel:

> Es wurde dunkel im Saal, und in der Dunkelheit stieg eine dumpfe, klanglose Melodie auf, die sich im Raum verbreitete, begleitet von einer pfeifenden Konzertina: ein pathetisches Duett aus einer Welt zweitklassiger Kabaretts und schäbiger Jahrmärkte. Alsdann fingen auf beiden Seiten der Bühne zwei hohe Glaskasten zu leuchten an und es zeigte sich, dass die zwei erbärmlichen Musiker in Wirklichkeit lebensgroße Automaten waren. Einer drückte und zog mit steifen Armbewegungen den schlangenartigen Blasbalg einer Konzertina, während der andere die Saiten einer Geige auf und ab kratzte. […] Auch die restliche Bühne schien überall von menschenähnlichen Figuren bevölkert zu sein: Hampelmänner und Marionetten hingen auf unterschiedlicher Höhe an dünnen, glänzenden Fäden, wie von ihrem Gewicht befreit; Gliederpuppen verharrten in Posen gelähmter Ruhe, die idyllisch und zugleich grotesk anmuteten; andere Figuren und eine seltsame Ansammlung von Puppen saßen hie und da auf winzigen Stühlen oder verteilten sich über die Bodenbretter, einige von ihnen lehnten Rücken an Rü-

> cken einander stützend. Bei genauerem Hinsehen erkannte man aber nach und nach, dass sich unter den Attrappen auch wirkliche Menschen verbargen, die mit einem gewissen Geschick die Nachahmungen nachahmten. [...] Die einzige Kulisse hinter den künstlichen und den echten Personen war ein riesiges, leuchtendes Wandbild in verschiedenen Schattierungen von Schwarz und Weiß. Es zeigte ein mit fotografischer Genauigkeit abgebildetes, trostloses Zimmer, einen Dachboden oder vielleicht eine alte Kleinwohnung. Schutt und undefinierbare Gegenstände waren auf dem Boden verstreut; in der abbröckelnden Rückwand war ein einziges rahmenloses Fenster angebracht, das auf eine noch trostlosere Landschaft blickte: Draußen war die Erde mit dem Himmel in einem grauen, zerklüfteten Bild verschmolzen.[6]

Die Tatsache, dass wir die Welt mit unseren Sinnen erfahren, macht uns noch lange nicht zu Individuen: So denkt Ligotti, und so denkt auch Rust. Eine der

---

[6] Ders., »Mad Night of Atonement« [1994], in: Ders., *Noctuary*, Philadelphia: Running Press 1995, zitiert aus der E-Book-Ausgabe, S. 210-212 [Übersetzung FR; wenn nicht anders angegeben, stammen alle Übersetzungen von Ligottis Texten von mir, A.d.Ü.].

wiederkehrenden Figuren in Ligottis Texten ist nicht zufällig die *menschliche Marionette* [*human puppet*].[7] Die Menschen seien in Wirklichkeit Puppen, die, ohne es sich dessen bewusst zu sein, von einem undurchschaubaren Marionettenspieler durch unsichtbare Fäden bewegt werden – Fäden, die dazu bestimmt sind, eines Tages gnadenlos durchschnitten zu werden: »Jeder [Mensch] ist so überzeugt von seiner Wirklichkeit. Davon, dass seine sensorischen Erfahrungen ihn zu einem einmaligen Individuum machen, mit einer Bestimmung und einer Bedeutung. Sie sind überzeugt, mehr zu sein als eine biologische Marionette. Zuletzt siegt die Wahrheit, und jeder sieht es. Sind die Schnüre durchschnitten, ist für alle Schluss.«[8] Für Ligotti – und für Rust – sind wir *Dinge*, belebte Marionetten unter unbelebten Marionetten, ahnungslose Schauspieler:innen eines grotesken Theaters. In der Erzählung *Mad Night of Atonement* ist von einem »Schöpfer« die Rede, in der gottlosen Welt von *Conspiracy Against the Human Race* und *True Detective* von einem »Fehltritt der Evolu-

---

7 Ders., *The Conspiracy Against the Human Race*, a.a.O., S. 20 und 22.

8 TD, S01F03, Minute 32.

tion«, den wir »Bewusstsein« nannten und der wie ein Marionettenspieler die Fäden unserer Existenz zöge. Das ist ein »trügerischer« Marionettenspieler, eingesperrt im verschlossenen Raum unseres Kopfes: Wollen wir weiterleben, so sollten wir ihm lieber nicht zu nahe treten. Ligotti zufolge, der sich hier erneut an Zapffes Thesen anlehnt, wenden die Menschen vier Mechanismen oder Strategien an, um sich dem Leben »anzupassen« und der Unerträglichkeit der Existenz zu entziehen: Isolierung (»Wir sperren alle störenden Tatsachen unseres Existierens an einem abgelegenen Ort unseres Bewusstseins ein«)[9], Verankerung (»Um unsere Leben zu stabilisieren [...], verschwören wir uns, indem wir diese in metaphysischen und institutionellen ›Wahrheiten‹ verankern.«)[10], Ablenkung (»Um zu verhindern, dass unser Intellekt über die grauenhafte Welt nachdenkt, lenken wir ihn mit allerlei mehr oder weniger belanglosem Plunder ab«)[11] und Sublimierung (die Strategie der Denker und der Künstler, die »Werke anfertigen,

---

9 T. Ligotti, *The Conspiracy Against the Human Race*, a.a.O., S. 32.

10 Ebd.

11 Ebd.

die uns eine Fluchtmöglichkeit aus dem Leid bieten, indem sie dieses künstlich simulieren«)[12]. Mit Blick auf diese vier Strategien lässt sich leicht feststellen, dass nahezu alle Monologe von Rust Cohle in *True Detective* auf deren Demaskierung abzielen. All jene, die sich der vierfachen Selbsttäuschung nach Zapffe/Ligotti nicht ergeben wollen, werden Rusts Schlussfolgerung zweifellos beipflichten: »Wir als Spezies sollten diese Programmierung verweigern. Uns nicht mehr fortpflanzen und dem Untergang entgegengehen. Eine letzte Mitternacht. Brüder und Schwestern verabschieden sich aus einem faulen Geschäft.« Wenn man dem Leben keinen eigenständigen Wert mehr einräumt, im Bewusstsein lediglich einen Fehltritt der Evolution und in der Welt eine ›Gosse‹ wachsenden Grauens sieht, besteht die einzige logische Schlussfolgerung in der Tat darin, für das freiwillige Aussterben der Menschheit einzutreten. Für Ligotti – aber auch für Rust, wie es sich inzwischen deutlich gezeigt hat – wird die »Verschwörung gegen die Menschheit« nicht, wie man auf Anhieb annehmen könnte, von Pessimisten vorangetrieben, sondern ist

---

12 Ebd.

das Werk jener Individuen, die aller Evidenz zum Trotz darauf beharren, dem biologischen Leben einen eigenständigen Wert zuzuschreiben. *Das Leben selbst* ist nach dieser Logik die Verschwörung, und die eigentlichen Verschwörer:innen sind all jene, die es verewigen. Es gebe nur einen Weg, um die Verschwörung der törichten Optimisten zu beenden, und dieser führe durch das freiwillige Aussterben der Menschheit.[13]

Anders als in Ligottis geschlossener Gedankenwelt, wird in *True Detective* Rusts scharfsinniger, absoluter Pessimismus von einer konträren, realistischen Instanz durchkreuzt, die das nihilistische Abdriften des texanischen Detektivs »abfedern« soll. Diese Instanz ist sein Ermittlungspartner Marty.

Die zweiteilige Erzählstruktur, bei der Rust und Marty gleich viel Raum einnehmen, schafft ein nahezu perfektes Gleichgewicht zwischen zwei einander radikal entgegengesetzten Weltanschauungen: auf einer Seite Rust, der Nihilist und Antihumanist, und auf der anderen Marty, der Alltagsmensch mit all den kleinen und großen Dramen eines gewöhnli-

---

13 Eine Strategie, die in Ligottis Buch ausführlich behandelt wird: vgl. ebd., S. 35 und 65-71.

chen Mannes, vom komplizierten Verhältnis zu seiner Ehefrau (die er betrügt) bis zu den Sorgen eines jungen Vaters und dem steten Druck, die eine zermürbende und von Gewalt geprägte Arbeit erzeugt. Marty verkörpert zudem das negative Klischee des durchschnittlichen, weißen Amerikaners: Als grundsätzlicher Chauvinist und heuchlerischer Spießbürger mit einer tiefen Verankerung in Moral und Gemeinsinn lebt er in einem dauernden Verdrängungsprozess.[14] Man könnte auch sagen, Marty sei die perfekte Verkörperung der vier von Zapffe aufgezeigten Anpassungsstrategien: Er isoliert das weltliche Grauen (indem er seinen Arbeitsalltag, der ihn unablässig mit der menschlichen Ungeheuerlichkeit konfrontiert, von seinem Privatleben abschottet, das allerdings davon in Mitleidenschaft gezogen wird); er glaubt an die stabilisierende Funktion von Institutionen und Religion für die Gesellschaft; er sucht Ablenkung (Marty hat ein Alkoholproblem und führt eine außereheliche Beziehung, in der er die unterdrückten Triebe, die er von seinem Leben als Familienmensch abspalten möchte, frei ausleben kann); er

---

[14] Vgl. TD, S01F03, Minute 16: Marty: »Weißt du, was uns unterscheidet?« Rust: »Ja. Verdrängung.«

sublimiert das Grauen (seiner Arbeit) durch die Arbeit. Gerade Martys Rolle als plakative Antithese zu Rust verhilft Pizzolattos Erzählung zu einer ausgewogenen Darstellung, sowohl in philosophischer als auch in narrativer Hinsicht.[15] Die messerscharfen, erbarmungslosen Monologe, in denen Rust mit nahezu geometrischer Präzision erklärt, warum die Menschheit aussterben sollte, prallen an einem Gesprächspartner ab, der davon nichts wissen will. Marty entzieht sich der Argumentation, er macht sich darüber lustig und zerpflückt sie im Namen des gesunden Menschenverstandes. Er ist der reale, physische Anker, der Rust von seinem negativistischen Streben hin zu einer Dimension jenseits von Welt und Menschheit gleichsam auf die Erde zurückholt.

---

[15] G.R. Mayes wagt die kühne Behauptung, Marty und Rust würden in ihrer Dialektik Nietzsches Begriffspaar des Apollinischen und des Dionysischen verkörpern. Vgl. G.R. Mayes, »Where is the Cruelty in *True Detective 1*?«, in: J. Graham/T. Sparrow (ed.), *True Detective and Philosophy. A Deeper Kind of Darkness*, Hoboken: Wiley 2018, S. 55-64, hier insbesondere S. 56 und S. 62-63. Erstaunlicherweise und anders als man vermuten würde, fällt in dieser Interpretation Marty die Rolle des Apollinischen und Rust diejenige des Dionysischen zu.

Der von Rust herbeigewünschten Vernichtung unserer Spezies und des gesamten Universums stellt Marty die Verbindlichkeit der sozialen Normen entgegen: Die Einladung zum Essen für denselben Abend gilt, und sie ist nicht verhandelbar. Dass die gesellschaftlichen Konventionen nicht nur eine verwerfliche »Verankerungsstrategie« sind, sondern auch einen Rahmen bieten, in dem das alles durchdringende Grauen erträglicher erscheinen kann, wird wenig später von Rust selbst veranschaulicht, als er Martys Angebot, sich mit einem Vorwand noch vor dem Essen von seiner Familie zu verabschieden, abschlägt und entscheidet, etwas länger »in trauter Runde« zu verweilen. In diesem Zusammenhang vollzieht sich im narrativen/dialogischen Rahmen von *True Detective* ein Fortschritt gegenüber Ligottis philosophischer Abhandlung. Indem die Erzählung neben dem Grauen auch Menschliches aufblitzen lässt, bietet sie nämlich eine gelebte Alternative (die keiner rationalen Begründung bedarf) zur luziden, pessimistischen Logik des amerikanischen Schriftstellers.

Aluminium und Asche

»Die Gegend hinterlässt einen schlechten Geschmack im Mund. Nach Aluminium und Asche. Hier kann man die Psychosphäre riechen.«[1] Mit diesen Worten beendet Rust den ersten längeren Dialog mit seinem Kollegen Marty. Die zwei Detektive sitzen wieder im Auto, nachdem sie den Tatort besichtigt haben, an dem der Körper von Dora Lange entdeckt wurde. Der Himmel ist mit grauen Wolken und unheilvollen Vorahnungen behangen: »Aluminium und Asche«. Kaum ein Ausdruck könnte seine Farbe treffender beschreiben. Aber nicht nur der Himmel, sondern das gesamte Universum von *True Detective* schmeckt nach Aluminium und Asche: bitter, verbrannt, metallisch. Mit einem Wort: krank. Die ganze Welt, die Rust als »Gosse« bezeichnet hat, auch sie ist falsch, korrumpiert, faul bis in die Wurzeln. Selbst die Natur vermag es nicht, einen Hoffnungsschimmer zu bieten.[2]

---

1 TD, S01F01, Minute 17.

2 In diesem Zusammenhang wird die Unzulänglichkeit

Im Gegenteil: Sie ist Mittäterin, wenn nicht gar die Quelle des Übels. In genau diesem Sinn kann die Welt von *True Detective* als zutiefst gnostisch betrachtet werden. Der Ausdruck Gnosis (ein Sammelbegriff für ein äußerst vielfältiges Phänomen, das Glaubensgemeinschaften mit teils sehr unterschiedlichen Ritualen, Mythologien und Praktiken umfasst) bezeichnet eine religiöse Bewegung der Spätantike, die bereits bestehende Glaubensinhalte und Praktiken aus dem Mittelmeerraum synkretistisch verwob. Den vielen Gemeinsamkeiten zum Trotz hebt sich die Gnosis durch eine Prämisse von den meisten Religionen ihrer Zeit deutlich ab: Die Welt, so die gnostische Vorstellung, sei von Anfang an und ihrem Wesen nach »verfehlt«.[3] Diese Welt, unsere Welt, ist für

---

einer Interpretation offensichtlich, die den Pessimismus von *True Detective* einzig auf Rusts vermeintliche psychopathologische Veranlagung nach dem traumatischen Verlust seiner Tochter zurückführt. Vgl. hierzu D. Hijón Romero, *Opening the Locked Room. A Psychoanalytical Study on True Detective's Character Rustin Cohle*, Babelcube 2014 (E-Book).

3 Eine der wichtigsten Zusammenfassungen über die Gnosis, die sowohl eine historische Rekonstruktion als auch eine aktualisierende Sicht auf das Phänomen bietet, bleibt H. Jonas, *Gnosis. Die Botschaft des fremden Gottes*

den Gnostiker das Reich des Widersachers: Der Fürst, der »Herrscher dieser Welt«[4] ist niemand anderes als der Satan, ein »böser Demiurg«[5] und niederer Gott, der dem Menschen gleichgültig gegenübersteht, ja zutiefst unmenschlich ist:

> Daß die Existenz in ihrer Quelle verdorben wurde, sie und die Elemente selber, wie kann man auf diese Hypothese verzichten? [...] Es ist schwer, es ist unmöglich zu glauben, daß der gute Gott, der »Vater«, mit dem Skandal der Schöpfung etwas zu tun hätte. Alles drängt zum Gedanken, daß er nichts

---

[1958], aus dem Englischen übersetzt und herausgegeben von C. Wiese, Frankfurt/M.: Insel 1999. Für eine philosophisch-aktualisierende Perspektive vgl. P. Sloterdijk, »Die wahre Irrlehre«, in: Ders./T.H. Macho (Hgg.), *Weltrevolution der Seele. Ein Lese- und Arbeitsbuch der Gnosis*, Zürich: Artemis & Winkler 1993, S. 17-54.

4 Vgl. Evangelium nach Johannes, 12,31: »Jetzt wird Gericht gehalten über diese Welt; jetzt wird der Herrscher dieser Welt hinausgeworfen werden«, in: *Die Bibel*, Einheitsübersetzung, Freiburg/Basel/Wien: Herder 1980. Alle weiteren biblischen Zitate stammen aus dieser Ausgabe und werden jeweils mit Kapitel und Vers(en) angegeben.

5 Vgl. E. Cioran, »Der böse Demiurg« [1969], in Ders., *Die verfehlte Schöpfung*, aus dem Französischen von F. Bondy und E. Tophoven, Frankfurt/M.: Suhrkamp 1979, S. 7-20.

> dafür kann, daß sie auf einen anderen, skrupellosen Gott, einen korrumpierten Gott weist. [...] Wir können nicht umhin zu denken, daß die im Zustand des Entwurfs gebliebene Schöpfung nicht abgeschlossen werden konnte und es auch nicht verdiente und daß sie insgesamt ein Fehler ist.[6]

Alles Irdische sei zu Leid, Schmerzen, Krankheit, Sinnlosigkeit und schließlich dem Tod verurteilt. Die Materie selbst sei das Böse, ein radikales Übel. Allein die Erkenntnis (griechisch »Gnosis«)[7], sprich das Wissen um den Prozess der Loslösung aus den Zwängen des Fleisches, könne zur Erlösung führen. Aus Sicht der Gnostiker ist das Reich der Materie als solches böse. Die Seele allein – ein Lichtfunke, der Oberwelt zugehörig und im verdorbenen Leib gefangen – könne nach dem Heil streben, indem sie sich ihrer schweren materiellen Hülle entledigt und die Rückkehr zu den ihr angestammten, höheren Seinssphären antritt, aus denen sie eines Tages in die tiefste Sphäre herausgefallen war.[8] Hier taucht die

---

6 Ebd., S. 7-8.

7 Vgl. H. Jonas, *Gnosis. Die Botschaft des fremden Gottes*, a.a.O., S. 56-57.

8 Vgl. ebd., S. 78-84.

Dichotomie Licht/Finsternis wieder auf, die sowohl diese spätantike, fast in Vergessenheit geratene Glaubenslehre[9] als auch die Welt von *True Detective* durchdringt.

Die Welt, in der sich Rust und Marty bewegen, ist bösartig und verseucht. Dies lässt sich nicht nur und nicht so sehr an den Instinkten und den unaussprechlichen Taten der mörderischen Sekte ablesen, über die ermittelt wird, sondern ist an der Umgebung und dem psychischen Umfeld – der »Psychosphäre« – erkennbar, in dem die zwei Detektive handeln müssen. Der Hurrikan »Rita«, eine blinde, sinnlose Naturgewalt, hat die wichtigsten Unterlagen aus Martys und Rusts früheren Ermittlungen zerstört, wie wir von den Polizeibeamten Maynard Gilbough und Thomas Papania erfahren. Diese nehmen im Jahr 2012 die Ermittlungen zum Fall Dora Lange wieder auf, nachdem in der Nähe von Lake Charles der Körper eines weiblichen Mordopfers entdeckt wurde, dessen Zurichtung eine Verbindung zum Fall der viele Jahre zuvor ermordeten Prostituierten nahelegte.[10] Im Laufe ihrer Nachforschungen sind auch

---

9 Vgl. ebd., S. 84-86.

10 Vgl. TD, S01F01, Minute 55.

Marty und Rust immer wieder mit Szenarien konfrontiert, in denen die Natur kein mütterliches Antlitz, sondern die böse, höhnische und kranke Fratze einer Stiefmutter zeigt. Auf den Spuren einiger vermisster Mädchen und junger Frauen stoßen die zwei beispielsweise auf den Fall der kleinen Marie Fontenot. Die kurzen Angaben zum Umfeld des Kindes lassen bereits die blinde, bösartige und von einem erbarmungslosen Zufall gelenkte Welt von *True Detective* deutlich hervortreten: Marie, ein Mädchen aus armen Verhältnissen, verschwindet nach einem Besuch bei Onkel und Tante, den einzigen Familienangehörigen, die das Kind liebevoll behandeln. Diese leben in einem einfachen, abgeschiedenen Haus. Der Onkel, ein ehemals erfolgreicher Baseballspieler, hat nach »einer Serie von Schlaganfällen« einen »zerebralen Schaden«[11] erlitten und ist seitdem pflegebedürftig. Marie und Dora sind unschuldige Opfer einer verkommenen, korrumpierten, von einem perversen Zufall dominierten Welt, in der niemand auf Trost und Schmerzlinderung hoffen darf. Während Maries Onkel seit den Gehirnschlägen gelähmt ist,

11 Vgl. TD, S01F01, Minute 53.

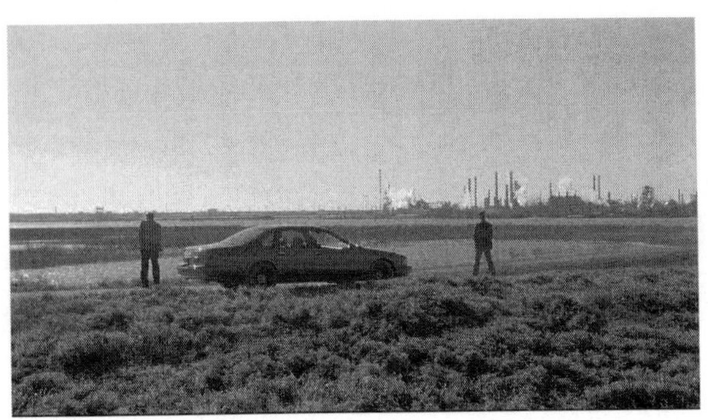

Abb. 4: Marty und Rust in einem Marschgebiet in Louisiana; im Hintergrund der bedrohliche Umriss industrieller Anlagen [TD, S01F02]

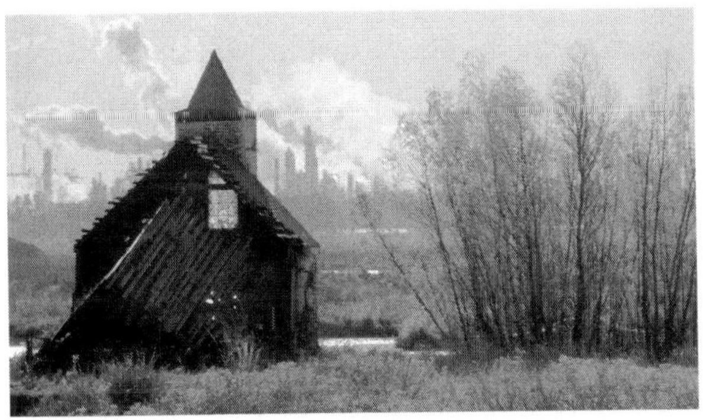

Abb. 5: Die Kirche, in der Marty und Rust das Wandgemälde der Hirsch-Frau entdecken [TD, S01F02]

zeigt Doras Mutter, eine ehrliche und fromme Frau mittleren Alters, ihre zerfurchten Fingernägel und berichtet von stechenden Kopfschmerzen, die sie andauernd plagen – beides eine Folge von zwanzig Jahren schwerer Arbeit in der chemischen Reinigung.[12] Die vielen tragischen Geschichten von Armut, Verwahrlosung, Ungerechtigkeit und Einsamkeit sind symbolisch und real durch das Straßennetz verbunden, das die zwei Detektive unermüdlich befahren. Dieses führt durch eine ungesunde, verseuchte[13] Landschaft, die genauso verloren ist wie ihre Bewohner und die, heißt es, »in dreißig Jahren unter Wasser stehen wird«.[14]

In der gesamten ersten Staffel von *True Detective* herrscht die Grundstimmung der dunkelsten Gnosis, jener Lehre also, die sowohl die Natur als auch die Menschen (als Einzelne und als Kollektivität) als ursprünglich verfehlt betrachtet und somit jegliche irdische Erlösung ausschließt. Diese drei Ebenen – Natur, Menschheit und Individuum – sind unlösbar miteinander verknüpft und blicken auf densel-

---

12 Vgl. TD, S01F02, Minute 4.

13 Vgl. unter den vielen anderen Szenen TD, S01F02, Minute 8 und 26.

14 Vgl. TD, S01F03, Minute 45.

ben Horizont tiefster Negativität. Ist die Welt für sich betrachtet ein düsteres, unentwirrbares Gefüge aus blindem Zufall und feindlicher, durch schleichende Fäulnis ausgehöhlter und unmenschlich anmutender Natur, so tragen die Einzelnen ihrerseits dazu bei, dieses gespenstische Bild weiter zu verfinstern.

Zufall und Sinnlosigkeit stellen lediglich die Kehrseite des unheilbaren, aber auch selbstverschuldeten Elends, des »radikal Bösen« im Menschen dar, von dem die abseitige Perversion der Mörderfiguren zeugt. So weit muss es allerdings gar nicht kommen: Bereits der Alltag, das gewöhnliche Leben in dieser Gegend tragen deutliche Spuren des Werks jenes Wesens aus »krummem Holz«[15], als welches Immanuel Kant den Menschen bekanntlich ansah. Nach dem Verschwinden von Marie Fontenot dürfte etwa die halbherzige Suchaktion sogar den Garten von Onkel und Tante lediglich gestreift haben, denn sonst wäre bereits damals das »Teufelsnetz« aufgefallen, das

---

15 I. Kant, *Ideen zu einer allgemeinen Geschichte in weltbürgerlicher Absicht* [1784], in: Ders., *Schriften zur Anthropologie, Geschichtsphilosophie, Politik und Pädagogik*, in: *Werkausgabe*, Bd. XI, Frankfurt/M.: Suhrkamp 1977, S. 33-50, hier S. 41.

Rust nun ebendort entdeckt. Das Objekt, das den Fetischen ähnelt, die sich um den Körper von Dora Lange befanden, wird sich als wichtiges Beweisstück für die Fortsetzung der Ermittlungen erweisen.

Selbst die Unschuld der Kinder wirkt in ihrer Intaktheit gefährdet.[16] Eine Untersuchung des nur vordergründig normalen Verhaltens von Martys zwei Töchtern bringt etwa eine Auffassung der menschlichen Natur als ursprünglich »befleckt« und unrein zutage. Jedes kindliche Spiel, jede Geste der Kleinen lassen Beunruhigendes durchscheinen. Dies ist etwa der Fall bei einer Szene, in der die Mädchen das Spielzimmer verlassen, nachdem sie zum Essen gerufen wurden. Zurück auf dem Boden bleiben einige Puppen liegen, mit denen sie offenbar eine Gruppenvergewaltigung nachstellen wollten[17] (siehe Abb. 6). Martys scheinbar unverdächtige Töchter liefern auch

---

16 Dieser Punkt entgeht beispielsweise Chris Byron, der in seinem Essay schreibt: »Obwohl sie [die Kinder, AL] nicht grundsätzlich böse sind, gibt es für sie keine echte Möglichkeit zu gedeihen.« [Übersetzung FR] Vgl. C. Byron, »Rust's Antinatalism. The Moral Imperative to ›Opt Out of a Raw Deal‹«, in: J. Graham/T. Sparrow (ed.), *True Detective and Philosophy*, a.a.O., S. 42-51, hier S. 42.

17 Vgl. TD, S01F02, Minute 44.

weitere rätselhafte Hinweise auf das inner- und außerweltliche Grauen, um das sich die Ermittlungen drehen. Doch werden ihre Botschaften vom Vater gar nicht wahrgenommen. Überhaupt scheint Marty, wie ihm seine Frau vorhält, eine »selektive Taubheit« für die familiären Geschehnisse entwickelt zu haben, die er später – in einem anderen Zusammenhang – als »Fluch der Detektive«[18] bezeichnen wird. Marty übersieht nicht nur die mit Puppen inszenierte Vergewaltigung, sondern hat offenbar auch keine Augen für die Zeichnungen seiner Töchter, insbesondere für die Darstellung eines spiralförmigen Kreises, die in der Küche unter anderen Zeichnungen hängt (Abb. 7), oder für die Zeichnung aus einem Heft der Mädchen, die einen maskierten nackten Mann neben einer ebenfalls nackten Frau zeigt, deren Hände hinter dem Rücken verbundenen sind (Abb. 8).

Rust selbst leidet unter ständigen Halluzinationen, einer Folge von vier langen Jahren des Rauschgiftmissbrauchs in seiner Zeit als verdeckter Ermittler im Drogendezernat.[19] Anlass zur Versetzung durch seine Vorgesetzten war die Tötung eines drogensüch-

---

18 Vgl. TD, S01F05, Minute 25.

19 Vgl. TD, S01F02, Minute 34.

tigen Kriminellen gewesen: Der Mann, der seiner neugeborenen Tochter Crystal Meth gespritzt hatte (»um sie zu reinigen«)[20], war von Rust auf frischer Tat ertappt und daraufhin mit neun Schüssen brutal ermordet worden. In der Ungeheuerlichkeit der Geste des Junkies, aber auch in Rusts äußerst gewalttätiger Reaktion kommt einmal mehr das hässliche, entstellte Menschenbild des (chaotischen) Mikrokosmos von *True Detective* zum Vorschein.

Wenn »diese Welt«[21] durch Sinnlosigkeit, Schmerz und Willkür geprägt ist, so lassen sich auch die Auswirkungen einer solchen *Weltanschauung auf die individuelle Ebene leicht erahnen. Während für die Gnostiker der Spätantike die Transzendenz der geistigen Lichtwelt, aus der die Seele stammt, eine trostspendende Vorstellung und Ziel all jener war, welche die Erlösung aus dem innerweltlichen

---

20 Vgl. TD, S01F02, Minute 34.

21 Die gnostische Metaphysik führt eine Trennung zwischen »dieser« Welt, in der wir zwangsweise leben müssen, und der »wahren« (transzendenten) Welt ein. Vgl. hierzu P. Sloterdijk, »Ist die Welt verneinbar? Über den Geist Indiens und die abendländische Gnosis«, in: Ders., *Weltfremdheit*, Frankfurt/M.: Suhrkamp 1993, S. 213-266, insbesondere S. 233-242.

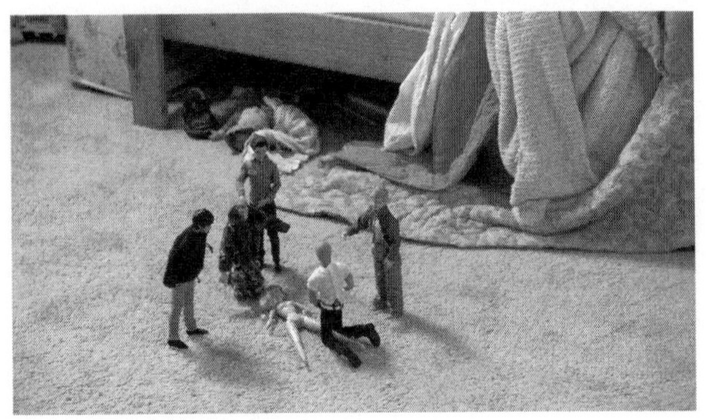

Abb. 6: Die von Martys Töchtern inszenierte Gruppenvergewaltigung [TD, S01F02]

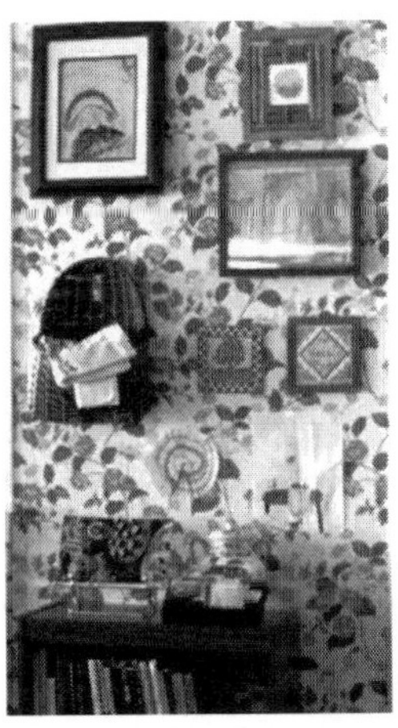

Abb. 7: An der Küchenwand hängt das von Martys Tochter gezeichnete Bild eines spiralförmigen Kreises [TD, S01F02]

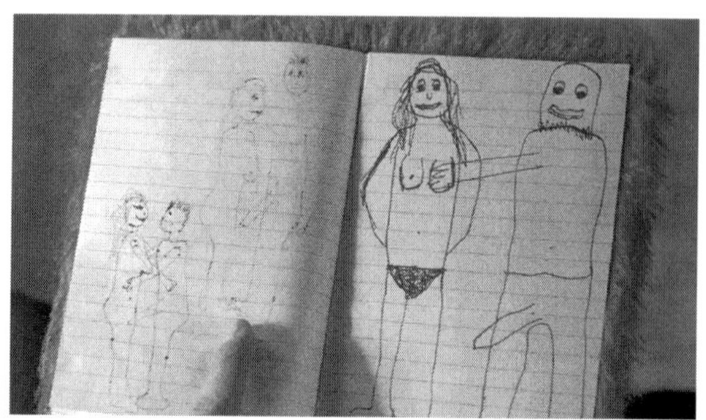

Abb. 8: Die Zeichnung von Martys Tochter zeigt eine nackte Frau mit verbundenen Händen und einen maskierten Mann [TD, S01F03]

Leid anstrebten, gibt es in der Welt von Rust Cohle und *True Detective* keinen Platz mehr für eine positive Transzendenz und kein »Licht am Tunnelende«[22]. Stattdessen klammern sich die Menschen an die »trügerische Hoffnung«[23] »verdammt wichtig«[24] zu sein, wie es die Prediger und Seelenklempner[25] ihnen verkaufen möchten.

---

22 Vgl. TD, S01F03, Minute 11.

23 Vgl. TD, S01F03, Minute 11.

24 Vgl. TD, S01F03, Minute 11.

25 Vgl. TD, S01F03, Minute 11.

Aus diesem Grund ist das Leben an sich wertlos, und die Übertragung des gnostischen Credos von *True Detective* auf das einzelne Individuum wird zwangsläufig auf einen strengen Antinatalismus und eine positive Auffassung des Todes als einzig möglicher Befreiung aus dem »Staub dieses Planeten«[26] hinauslaufen. Rust bringt diese Überzeugungen in der ersten Hälfte der Staffel an zwei Stellen zum Ausdruck: als er vom Tod seiner Tochter spricht und als er das Hinscheiden der von ihm untersuchten Mordopfer beschreibt.

In einer wichtigen, berührenden wie verstörenden Szene der zweiten Folge erklärt Rust, er fühle »manchmal Dankbarkeit«[27] für das Schicksal, das seiner Tochter durch den frühen Tod erspart blieb (das Mädchen war überfahren worden und noch an der Unfallstelle verstorben, »ohne etwas zu spüren«). Wenig später präzisiert er seine Gedanken wie folgt: »Ich denke an die Hybris, die es bedeutet, eine Seele aus der Nichtexistenz in diese fleischliche Hülle zu reißen, ein Leben in

---

[26] E. Thacker, *Im Staub dieses Planeten. Horror der Philosophie* [2011], aus dem Englischen von F. Born, Berlin: Matthes & Seitz 2020.

[27] TD, S01F02, Minute 44.

diese Dreschmaschine zu zwingen. Und so hat meine Tochter... Sie hat mich vor der Sünde bewahrt, ein Vater zu sein.«[28] Der Tod als Befreiung ist eine fixe Idee von Rust. Sie offenbart sich unter anderem in seiner beunruhigenden Analyse vieler Mordfälle (»Ich habe das Finale von Tausenden von Leben gesehen«)[29]: »Wann geht denn schon etwas in Erfüllung? Höchstens ganz am Ende, vielleicht.«[30] Mit diesen Worten beschreibt Rust den Augenblick, in dem das Grauen, der Schmerz, die Verzweiflung, die Erschöpfung, »all das sinnlose Wirbel, Sehnsucht verbunden mit Ignoranz«[31], endlich erlöschen. Der Tod ist für Rust immer befreiend. Selbst dann, wenn er sich unter tragischen Umständen oder durch Gewalt ereignet, ist er ein befreiendes »Loslassen«[32].

Rusts antinatalistischer – oder gar todessehnsüchtiger – Pessimismus resümiert auf einschneidende Art eine uralte, in der Geschichte der westlichen Philosophie fest verankerte Denktradition: die

---

[28] TD, S01F02, Minute 45.

[29] TD, S01F03, Minute 32.

[30] TD, S01F02, Minute 7.

[31] TD, S01F03, Minute 37.

[32] TD, S01F03, Minute 53.

Weltdeutung, die Friedrich Nietzsche als »tragisch« bezeichnet hat. In seinem ersten Werk *Die Geburt der Tragödie*[33] erzählt Nietzsche die Sage vom Dämon Silen, dem früheren Lehrer Zeus', der als der Weiseste unter den Lebenden galt. König Midas ließ ihn fangen, in der Hoffnung, der Weise würde die Antwort auf die drängendste Frage verraten: Was ist für den Menschen das Allerbeste und Allervorzüglichste? Der Dämon zögerte, bis er schließlich, durch den König gezwungen, eine Antwort gab, die Midas aufwühlte (und die auch jeder andere Mensch lieber nicht hören würde): »Elendes Eintagsgeschlecht, des Zufalls Kinder und der Mühsal, was zwingst du mich dir zu sagen, was nicht zu hören für dich das Erspriesslichste ist? Das Allerbeste ist für dich gänzlich unerreichbar: nicht geboren zu sein, nicht zu sein, nichts zu sein. Das Zweitbeste aber ist für dich – bald zu sterben.«[34]

---

[33] F. Nietzsche, *Die Geburt der Tragödie* [1886], in: Ders., *Kritische Studienausgabe*, Bd. I, herausgegeben von G. Colli/M. Montinari, Berlin/New York: De Gruyter 1999, S. 9-156.

[34] Ebd., S. 35.

Das Bewusstsein des tragischen Schicksals der menschlichen Existenz betrachtete Nietzsche jedoch nicht als Hindernis, sondern als »fruchtbare« Quelle für die Entwicklung der griechischen Kultur. Auch Rusts tiefverwurzelter Pessimismus hindert ihn nicht daran, positive Taten in die Welt zu setzen. Er wird im Gegenteil, wie sich im Laufe der Geschichte immer deutlicher herausstellt, zum wichtigsten Beweggrund für seine Handlungen. Mehr noch: Gerade seine düstere Einstellung bewirkt, dass Rust in den Jahren zwischen dem vorübergehenden und dem tatsächlichen Abschluss der Ermittlungen nicht aufgibt, sondern neue Untersuchungen eigenmächtig anstellt. In Rust Cohles absolutem Nihilismus verbirgt sich also paradoxerweise ein ethischer Kern: Selbst wenn die Welt eine »Gosse« ist und die Menschen verdorben sind, wenn die einzige Befreiung im Tod liegt, selbst dann bleibt Handeln ein moralisches Gebot für all jene, die noch am Leben sind (und »keine Veranlagung zum Selbstmord«[35] haben). Ein solches Ge-

[35] TD, S01F02, Minute 44. Mit dieser kurzen, trockenen Aussage drückt Rust eine Idee aus, die auch Thomas Ligotti mit bissiger Ironie und doch äußerst klarsichtig entwickelt hat: »Manche Kritiker glauben, dass sie den Pessimisten an

bot soll dazu motivieren, sein Bestes zu geben, um das Leiden und das Grauen zu mildern, während man auf den Augenblick wartet, in dem die Fäden endlich durchschnitten werden und die Marionette auf den Boden fällt.

---

die Wand stellen, wenn sie ihren heiteren Spott über ihn ausgießen: ›Wenn dieser Kerl sich wirklich so fühlt, dann soll er sich umbringen, will er nicht von allen als Heuchler verschrien werden.‹ Der Einwand, der Pessimist soll sich das Leben nehmen, um seinen Ideen treu zu bleiben, deutet auf einen derart krassen Intellekt hin, dass er eigentlich gar keine Antwort verdient. Eine solche anzufertigen, lässt sich allerdings mühelos bewerkstelligen. Kommt also jemand zu dem Schluss, dass das Leid auf dieser Welt ein solches Ausmaß angenommen hat, dass es für jeden besser wäre, nie geboren worden zu sein, bedeutet dies noch lange nicht, dass er sich folgerichtig und aus Gründen der Redlichkeit umbringen sollte. Es bedeutet lediglich, dass jemand zu dem Schluss gekommen ist, dass das Leid auf dieser Welt ein solches Ausmaß angenommen hat, dass es für jeden besser wäre, nie geboren worden zu sein. Andere mögen diesbezüglich widersprechen, aber sie müssen in jedem Fall akzeptieren, dass sie falsch liegen, wenn sie glauben, dass sie ein stärkeres Argument als der Pessimist haben.« (vgl. T. Ligotti, *The Conspiracy Against the Human Race*, a.a.O., S. 47).

Diese Welt gleicht einem Schleier

»Diese Welt gleicht einem Schleier«[1]: Mit diesen Worten wendet sich der Prediger Joel Theriot vom Podium an die Gläubigen, die zu seinem Gottesdienst gekommen sind. Unter den Anwesenden befinden sich auch Rust und Marty. Ihre Ermittlungen haben sie hierhergeführt, zur Glaubensgemeinschaft der »Friends of Christ«, der Dora Lange laut Zeugenaussagen in den letzten Monaten ihres Lebens angehörte. Nach dem Brand der Kirche, in der ihre Versammlungen stattfanden, ist die Gemeinde nun gezwungen, sich an wechselnden Orten niederzulassen. In ihrem alten, verlassenen und baufälligen Gotteshaus hatten die zwei Detektive das beunruhigende Wandgemälde einer weiblichen Figur mit Hirschgeweih entdeckt. Die Ähnlichkeit ihrer Stellung mit derjenigen der toten Dora Lange hatte sie darin bestärkt, diese Spur weiter zu verfolgen. Die Szene, die

---

1 TD, S01F03, Minute 2.

die Detektive am Versammlungsort der Gemeinde erwartet, ist eine typische Darstellung der populären Religionskultur der Südstaaten: ein großes Wanderzelt, in dem ein eloquenter Pastor mit starker Bühnenpräsenz das Wort Gottes verkündet; vor ihm eine mehr oder weniger große Menge entzückter Gläubiger, die – in nahezu ekstatischem Zustand – mit zustimmendem Gemurmel ihre Bewunderung für seine seltsame Darbietung zwischen Sermon und Telemarketing äußern. Vor dieser Kulisse entspinnt sich einer der denkwürdigsten Dialoge zwischen Rust und Marty. Gegenstand ihres Gesprächs ist die Religion. Rust, der das Schauspiel aufmerksam beobachtet hat, fragt Marty: »Was meinst du, wie der Durchschnitts-IQ hier ist? [...] Ich sehe eine Neigung zur Fettsucht, Armut und eine Leidenschaft für Märchen.«[2] Marty, von Anfang an verärgert über die eingebildete Art seines Kollegen, entgegnet, manche Leute würden eben die Gemeinschaft, etwa eine Gebetsgemeinschaft, genießen und hätten dabei das »Gemeinwohl« im Sinne. Rusts Hartnäckigkeit führt

---

2 TD, S01F03, Minute 3-8. Falls nicht anders angegeben, beziehen sich alle im Folgenden angeführten Dialoge auf diese Sequenz.

aber dazu, dass Marty – ohne sich vielleicht dessen bewusst zu sein – Einblicke in seine Gedankenwelt gewähren muss. Seine rhetorische Frage (»Was wäre wohl, wenn die Menschen an nichts glauben würden? Was sie dann so alles treiben würden?«) quittiert Rust mit einer zynischen Antwort: »Das, was sie jetzt schon treiben, nur in aller Öffentlichkeit.« Erst jetzt verrät Marty seine eigentliche Auffassung der Religion: »So ein Quatsch. Du weißt doch, dass dann nur noch Mord und Verkommenheit herrschen würden.« Für Marty hat also Religion nichts mit Glauben oder mit dem Versprechen nach Transzendenz zu tun, sondern ist ein rein weltlicher »Aufhalter« (im Sinne Carl Schmitts). Ihre Funktion besteht also darin, die Gesetzlosigkeit und die gefährlichsten Impulse der Menschen zu hemmen.[3] Die Vorstellung einer hemmenden Macht verweist auf das *Katéchon*[4],

---

3 Vgl. R. Elmore, »Loving Rust's Pessimism. Rationalism and Emotion in *True Detective*«, in: J. Graham/T. Sparrow (ed.), *True Detective and Philosophy*, a.a.O., S. 31-41, hier S. 35.

4 Beim *Katéchon* handelt es sich streng genommen um einen »pseudo-paulinischen« Begriff. In der Bibelexegese herrscht nämlich weitgehend Einigung darüber, dass der zweite Brief an die Thessalonicher, in dem der Ausdruck

einen in den Debatten zur politischen Theologie[5] verbreiteten Begriff, der auf die Deutung eines Passus aus Paulus' zweitem Brief an die Thessalonicher zurückgeht:

> Brüder, wir schreiben euch über die Ankunft Jesu Christi, unseres Herrn, und unsere Vereinigung mit ihm und bitten euch: Lasst euch nicht so schnell aus der Fassung bringen und im Schrecken jagen, wenn

---

vorkommt (Brief an die Tessalonicher, 2,1-8) als Fälschung zu betrachten sei. Für einen umfassenden Überblick über die Verwendung des Begriffs im Bereich der politischen Theologie vgl. »Befristete Zeit«, in: J. Manemann (Hg.), *Jahrbuch Politische Theologie*, 3 (1999), insbesondere Jürgen Manemanns Essay (J. Manemann, »›Beschleuniger wider Willen?‹ Zur Katechontik Carl Schmitts«, S. 108-123).

5 Für eine allgemeine Auseinandersetzung mit dem Begriff des *Katéchon* vgl. u.a.: C. Schmitt, *Der Nomos der Erde im Völkerrecht des Jus Publicum Europaeum* [1950], Berlin: Duncker & Humblot [3]1988, S. 28-32 und 55; J. Taubes, »Carl Schmitt – ein Apokalyptiker der Gegenrevolution«, in: Ders., *Ad Carl Schmitt. Gegenstrebige Fügung*, Berlin: Merve 2011, S. 7-30, hier S. 21-22; G. Agamben, *Die Zeit, die bleibt. Ein Kommentar zum Römerbrief* [2000], aus dem Italienischen von D. Giuriato, Frankfurt/M.: Suhrkamp 2006, S. 123-126; M. Cacciari, *Il potere che frena*, Milano: Adelphi 2013.

in einem prophetischen Wort oder einer Rede oder in einem Brief, der angeblich von uns stammt, behauptet wird, der Tag des Herrn sei schon da. Lasst euch durch niemand und auf keine Weise täuschen! Denn zuerst muss der Abfall von Gott kommen und der Mensch der Gesetzwidrigkeit erscheinen, der Sohn des Verderbens, der Widersacher, der sich über alles, was Gott oder Heiligtum heißt, so sehr erhebt, dass er sich sogar in den Tempel Gottes setzt und sich als Gott ausgibt. Erinnert ihr euch nicht, dass ich euch dies schon gesagt habe, als ich bei euch war? *Ihr wisst auch, was ihn jetzt noch zurückhält, damit er erst zur festgesetzten Zeit offenbar wird. Denn die geheime Macht der Gesetzwidrigkeit ist schon am Werk; nur muss erst der beseitigt werden, der sie bis jetzt noch zurückhält.* Dann wird der gesetzwidrige Mensch allen sichtbar werden. Jesu, der Herr, wird ihn durch den Hauch seines Mundes töten und durch seine Ankunft und Erscheinung vernichten. Der Gesetzwidrige aber wird, wenn er kommt, die Kraft des Satans haben. Er wird mit großer Macht auftreten und trügerische Zeichen und Wunder tun. Er wird alle, die verlorengehen, betrügen und zur Ungerechtigkeit verführen; sie gehen verloren, weil sie sich der Liebe zur Wahrheit verschlossen haben, durch die sie gerettet werden sollten. Darum lässt Gott sie der

Macht des Irrtums verfallen, so dass sie der Lüge glauben; denn alle müssen gerichtet werden, die nicht der Wahrheit geglaubt, sondern die Ungerechtigkeit geliebt haben. Wir müssen Gott zu jeder Zeit euretwegen danken, vom Herrn geliebte Brüder, weil Gott euch als Erstlingsgabe dazu auserwählt hat, aufgrund der Heiligung durch den Geist und aufgrund eures Glaubens an die Wahrheit gerettet zu werden. Dazu hat er euch durch unser Evangelium berufen; ihr sollt nämlich die Herrlichkeit Jesu Christi, unseres Herrn, erlangen. Seid also standhaft, Brüder, und haltet an den Überlieferungen fest, in denen wir euch unterwiesen haben, sei es mündlich, sei es durch einen Brief. Jesus Christus aber, unser Herr, und Gott, unser Vater, der uns seine Liebe zugewandt und uns in seiner Gnade ewigen Trost und sichere Hoffnung geschenkt hat, tröste euch und gebe euch Kraft zu jedem guten Werk und Wort.[6]

Paulus' Worte klingen in jenen des Juristen und Philosophen Carl Schmitt nach, wenn dieser behauptet, jede Epoche würde in theologisch-politischer Hin-

---

6 Paulus, Zweiter Brief an die Tessalonicher, 2,1-17 (Hervorhebungen von mir).

sicht über eine »Macht« (eine Institution, eine Partei, einen Staat, eine herausragende Persönlichkeit) verfügen, die den Beginn der Apokalypse aufzuhalten vermag:

> Der entscheidende geschichtsmächtige Begriff [...] ist der des Aufhalters, des *Katechon*[,] [...] die geschichtliche Macht, die das Erscheinen des Antichrist und das Ende des gegenwärtigen Äons aufzuhalten vermag, eine Kraft, *qui tenet*, gemäß den Worten des Apostels Paulus im 2. Thessalonicherbrief, Kapitel 2.[7]

Eine solche Macht weist jedoch paradoxe Züge auf: Einerseits verhindert sie durch ihre verzögernde Wirkung die Zerstörung allen Seienden, andererseits hält sie ausgerechnet dadurch die auf die Apokalypse folgende Erlösung auf. Im Gespräch zwischen Rust und Marty prallen zwei diametral entgegengesetzte Auffassungen der Welt, der Religion und des menschlichen Handelns aufeinander: Rust ist – kosmologisch betrachtet – ein Apokalyptiker (er hat, wie es Jacob

---

7 Vgl. C. Schmitt, *Der Nomos der Erde im Völkerrecht des Jus Publicum Europaeum*, a.a.O., S. 28.

Taubes einmal formulierte, »*no spiritual investment in the world as it is*«[8]), während Marty gegen alle auflösenden Kräfte kämpft, um die Welt allen Widrigkeiten zum Trotz vor dem Untergang zu bewahren. Aber selbst für den Apokalyptiker Rust, der auf die Welt als solche (die »Gosse«, die »Dreschmaschine«) mit Teilnahmslosigkeit reagiert und für »dieses« Leben nicht viel übrig hat, gibt es noch eine sinnvolle Aufgabe: den Unschuldigen den Schmerz des Lebens zu ersparen. Gerade sein ethischer Anspruch[9] führt – wie in einem Spiegelkabinett – zu einer Rollenumkehr zwischen ihm und Marty: Rust glaubt nicht an das *Katéchon*, das Marty in Kirche und Religion verortet; Rust *ist* das *Katéchon* schlechthin. Der Detektiv aus Texas weiß, dass die

---

[8] J. Taubes, *Die politische Theologie des Paulus*, herausgegeben von A. Assmann und J. Assmann, München: Fink 1993, S. 139.

[9] Die These, dass Rusts Pessimismus (und der Pessimismus im Allgemeinen) einen ethischen Anspruch beinhalte, wird auch von Joshua Foa Dienstag in seinem Essay über die Serie vorgebracht. Vgl. J.F. Dienstag, »Hart and Cohle. The Hopeful Pessimism of *True Detective 1*«, in: J. Graham/T. Sparrow (ed.), *True Detective and Philosophy*, a.a.O., S. 22-30, hier S. 27-28.

Institutionen allein die notwendige »aufhaltende Kraft« nicht aufbringen können, wenn die Menschen selbst nicht bereit sind, jene Kraft mit allen Mitteln durch ihr Handeln zu verwirklichen, sie zu verkörpern, anstatt sich darauf zu beschränken, an sie zu glauben. Gerade deshalb braucht die Welt »schlechte Menschen« (um Martys Worte zu verwenden): Anders als sein Kollege, der fürchtet, zu jenen Menschen zu zählen, übernimmt Rust bei vollem Bewusstsein die »katechontische« Rolle, die ihm von der Geschichte zugewiesen wurde: »Die Welt braucht schlechte Leute. *Wir* halten *die anderen* schlechten Menschen in Schach.«[10]

Rust ist nicht nur eine auf paradoxe Weise apokalyptische Figur, sondern scheint zudem von einem tiefen – und bisweilen blinden – szientistischen Rationalismus beseelt zu sein. In diesen Zusammenhang gehört auch eine seiner plakativsten Aussagen über die Religion: »Einige linguistische Anthropologen sehen Religion als ein Sprachvirus, das die Leitungsbahnen im Gehirn umschreibt. Das kritische Denken wird abgestumpft.« Die »linguistischen Anthropolo-

---

[10] TD, S01F03, Minute 45.

gen«, auf die sich Rust bezieht, sind in Wirklichkeit ein Ethologe, eine Psychologin und ein Programmierer: Richard Dawkins, Susanne Blackmore[11] und Richard Brodie. Dawkins, ein bekannter Wissenschaftler und Autor populärwissenschaftlicher Werke, führte in seinem Bestseller *Das egoistische Gen* (1976) den Begriff des »Mems« ein. Meme seien, so Dawkins, »konkrete Muster neuronaler Vernetzung, die sich in einem Gehirn nach dem anderen ausbilden.«[12]

Die Meme sollen als kulturelle Entsprechung der biologischen Gene begriffen werden. Während letztere sich durch Fortpflanzung replizieren und in anderen Organismen verbreiten, würden die Meme durch Kommunikation von Gehirn zu Gehirn weitergegeben werden. Auch der Ausdruck »gedankliche Viren« [*viruses of the mind*] geht auf Dawkins zurück, der im gleichnamigen Essay[13] im Rückgriff auf

---

[11] Vgl. S. Blackmore, *Die Macht der Meme oder Die Evolution von Kultur und Geist* [1999], aus dem Englischen von M. Niehaus, Berlin/Heidelberg: Spektrum 2000.

[12] Vgl. R. Dawkins, *Das egoistische Gen* [1976], aus dem Englischen von K. de Sousa Ferreira, Reinbek bei Hamburg: Rowohlt 1996, S. 495.

[13] Vgl. Ders., »Viruses of the Mind« [1993], in: Ders., *A*

die Mem-Theorie eine Interpretation der Religion als Virus vorschlägt. Die von Dawkins postulierte Beziehung zwischen Mem und Religion, die in Rusts Worten widerhallt, lässt sich bereits aus den oben umrissenen Grundzügen der Mem-Theorie ableiten: Die Religion, so Dawkins, unterscheidet sich nicht von allen anderen Memen, denn auch sie – wie ein Virus – repliziert und vervielfältigt sich Generation für Generation unabhängig von der Gesundheit ihrer Wirte, oder besser zu deren Nachteil. Dawkins' Auffassung der »Viren« rückt diese eher in die Nähe der informatischen als der biologischen Viren (Richard Brodie, der Entwickler des Microsoft Word–Pakets, ist nicht zufällig auch der Verfasser von *Virus of the Mind*[14], einem Bestseller der Mem-Theorie). Der Ausdruck »Mem« schöpft dennoch seine Kraft aus dem Bild des Verfalls und der Krankheit, das wir in der Regel mit dem medizinisch-physiologischen Konzept des Virus verknüpfen. Rusts Definition der Religion als »Sprachvirus« ist auch insofern interessant,

---

Devil's Chaplain: Reflections on Hope, Lies, Science, and Love, Boston: Houghton Mifflin 2003.

14 R. Brodie, *Virus of the Mind. The New Science of the Meme*, Seattle: Integral Press 1996.

als sie – wie im Fall der wissenschaftlich unbelegten Diagnose »Metapsychose« aus der ersten Folge – grundsätzlich falsch ist: Die Autoren, auf die der Detektiv Bezug nimmt, sprechen nämlich von einem »gedanklichen Virus« und nicht von einem »Sprachvirus«. Rust entpuppt sich also einmal mehr als oberflächlicher Leser von wissenschaftlichen Abhandlungen, deren Inhalte er oft verkürzt und vereinfacht wiedergibt. Der Unterschied zwischen einem »Sprachvirus« und einem »gedanklichen Virus« ist schließlich kein geringer: Laut Dawkins' Mem-Theorie, wie diese im Essay *Viruses of the Mind* erläutert wird, sei ein einfacher Wandel der sprachlichen Gewohnheiten unzureichend, um ein jahrtausendealtes Mem wie die Religion auszurotten und das von Rust heraufbeschworene »kritische Denken« durchzusetzen. Darüber hinaus kann und darf die Rolle des komplexen Gebäudes an Praktiken und Institutionen nicht unterschätzt werden, das sich ausgehend von den religiösen Überzeugungen im Laufe der Jahrhunderte gebildet und zur Verbreitung des Religion-Mems beigetragen hat. Bei keinem seiner wortreichen, pseudowissenschaftlichen Ergüsse trifft Rust ins Schwarze. Er entfernt sich im Gegenteil zunehmend vom Ziel. Paradoxerweise fällt immer Marty, dem rhetorisch unbegabteren zwischen den zwei Detektiven, die Aufgabe zu, den Kollegen zu entlarven, indem er auf die Schwäche seiner Argumentation hinweist: »Wenn du so redest, dann klingt es, als hättest du Panik.« Marty hat recht. In Rust tobt ein Kampf zwischen seinen pseudowissenschaftlichen Überzeugungen, seiner philosophischen und metaphysischen Weltanschauung und seiner praktischen Ethik – ein Kampf, der den texanischen Detektiv vielleicht nicht in »Panik« versetzt, aber allemal betrübt. Marty, der ihn durchschaut hat, hakt gleich nach: »Dafür, dass du keinen Sinn im Leben siehst, machst du dir ganz schön viele Sorgen deswegen.« Was Rust in seinen szientistischen Anfällen aus den Augen verliert, oder besser, was er nicht (oder nicht ganz) akzeptieren kann, ist der metaphysische Aspekt der Untersuchungen, die er im Mordfall durchführt. Gemeint ist die negativistische Kosmologie der Sektenangehörigen, aber auch die alles durchdringende apokalyptische, gnostische Religiosität der trostlosen Sumpfgebiete Louisianas, durch die er ununterbrochen fährt. In diesem Sinn fällt auch Rust jenem »Fluch des Detektivs« anheim, von dem Marty sprechen wird: Wie sein Kollege übersieht auch er, was »vor seiner Nase« steht. Hätte er den Worten des Predigers Joel Theriot aufmerksam zugehört, anstatt auf ein »hohes Ross« zu steigen (wie ihm Marty an jenem Tag vorgeworfen hatte), wäre ihm nämlich nicht entgangen, dass der ganze Sermon – und zwar vom ersten Satz an (»Diese Welt gleicht einem Schleier«) – sowie der Spruch am Zeltdach über dem Pastor (eine Anspielung auf einen Vers aus dem Buch der Sprichwörter, 3,5) als Aufruf gemeint waren, das eigene Vernunftvermögen nicht zu überschätzen. Im Buch der Sprichwörter heißt es: »Mit ganzem Herzen vertrau auf den Herrn / *bau nicht auf eigene Klugheit.*«[15]

Auch Theriots einleitender Satz über den Schleier ist kein wörtliches Bibelzitat, dürfte aber mit großer Wahrscheinlichkeit auf einen Passus aus Paulus' zweitem Brief an die Korinther anspielen (3,7-15):

> Wenn aber schon der Dienst, der zum Tod führt, und dessen Buchstaben in Stein gemeißelt waren, so herrlich war, dass die Israeliten das Gesicht des Mose nicht anschauen konnten, weil es eine Herrlichkeit ausstrahlte, die doch vergänglich war, wie sollte da der Dienst des Geistes nicht viel herrlicher

---

[15] Buch der Sprichwörter 3,5 (Hervorhebung von mir).

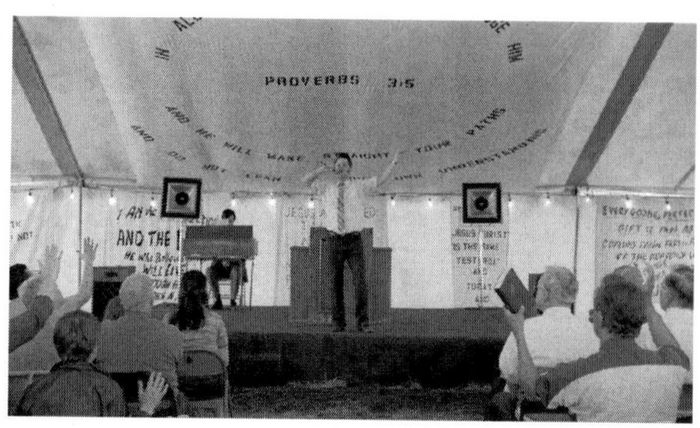

Abb. 9: Über dem Prediger Theriot prangt eine Anspielung auf einen Vers aus dem Buch der Sprichwörter (3,5) [TD, S01F03]

sein? Wenn schon der Dienst, der zur Verurteilung führt, herrlich war, so wird der Dienst, der zur Gerechtigkeit führt, noch viel herrlicher sein. Eigentlich kann von Herrlichkeit in jenem Fall gar nicht die Rede sein, wo das Verherrlichte vor der größeren Herrlichkeit verblasst. Wenn nämlich schon das Vergängliche in Herrlichkeit erschien: die Herrlichkeit des Bleibenden wird es überstrahlen. Weil wir eine solche Hoffnung haben, treten wir mit großer Freimut auf, nicht wie Mose, der über sein Gesicht eine Hülle legte, damit die Israeliten das Verblassen des Glanzes nicht sahen. Doch ihr Denken wurde verhärtet. Bis zum heutigen Tag liegt die gleiche

> Hülle auf dem alten Bund, wenn daraus vorgelesen wird, und es bleibt verhüllt, dass er in Christus ein Ende nimmt. Bis heute liegt die Hülle auf ihrem Herzen, wenn Mose vorgelesen wird. Sobald sich aber einer dem Herrn zuwendet, wird die Hülle entfernt.[16]

Man ist fast versucht, in diesem biblischen Zitat eine Chiffre für den ganzen weiteren Verlauf von Rusts und Martys Ermittlungen wiederzufinden. Paulus spricht von einem »herrlichen [...] Dienst, der zur Verurteilung führt« (die »Herrlichkeit«, die Rust und Marty erfahren, wenn sie kurz darauf Reggie und Dewall Ledoux entdecken und erschießen, also »verurteilen« werden), aber auch von einer späteren, »bleibenden« und größeren Herrlichkeit, die aus der Gerechtigkeit hervorgeht (die Herrlichkeit, die die zwei Detektive ereilen wird, wenn sie mit der Entdeckung von Errol Childress den Fall endgültig lösen). Die Rede ist überdies von einer »Hülle«, welche die Sicht auf das »Vergängliche« versperrt (in ihrer Verblendung übersehen die Detektive, dass der Fall mit der Erschießung von Reggie und Dewall Ledoux

16 Paulus, Zweiter Brief an die Korinther, 3,7-15.

noch nicht vollständig geklärt ist) und vom Augenblick, in dem die Hülle entfernt wird (die endgültige Auflösung des Kriminalfalls). Selbst wenn man sich vor einem solchen hermeneutischen Wagnis verwehren möchte, ist es unbestreitbar, dass der Schleier/die Hülle das zentrale Thema der gesamten Folge darstellt, und zwar als Schleier, der Marty und (noch mehr) Rust daran hindert, das Offensichtliche vor ihren Augen zu erkennen. So sehr glauben die Detektive zu wissen, was zu tun sei und welche Spur zum Ziel führe, dass sie an Reggie Ledoux als Hauptverdächtigem beharrlich festhalten und dabei dem wiederkehrenden Hinweis auf einen »Mann mit vernarbtem Gesicht« kaum Aufmerksamkeit schenken. Dieser war bereits von mehreren Zeug:innen, unter anderem von Mitgliedern der Gemeinde der »Friends of Christ«[17], erwähnt worden, und doch fällt es den Detektiven nicht auf, dass sie genau vor diesem Mann – dem abscheulichen Errol Childress – stehen, wenn sie kurz darauf einem scheinbar friedfertigen »Redneck« Fragen über das verlassene Schulgebäude einer religiösen Stiftung stellen, um ihn schließlich

---

[17] TD, S01F03, Minute 9.

unbehelligt wieder gehen zu lassen. Durch diesen verhängnisvollen Fehler wird die Mordserie noch viele Jahre lang fortgesetzt – bis die Hülle endlich fällt.

Ein flacher Kreis

Die zwei Detektive folgen der Spur der Drogen, die in Dora Langes Blut festgestellt wurden, und nutzen einen Kontakt Rusts in die lokale Unterwelt, um zu den Hauptverdächtigen, den Cousins Dewall und (vor allem) Reginald »Reggie« Ledoux zu gelangen. Reggie war Zellengenosse von Doras Ehemann gewesen (einem Kleinkriminellen, der in der Haft den Fehler begangen hatte, mit Fotos seiner Partnerin anzugeben). Er tritt zum ersten Mal am Ende der dritten Folge in Erscheinung, während einer Blende, in der Rust das Leben mit einem Traum vergleicht: »Und wie in so vielen Träumen taucht am Ende ein Monster auf.«[1] Das Monster, das am Ende des Traums auftaucht, ist Reggie Ledoux selbst. Seine Gestalt wirkt von Anfang an als teilweise entmenschlicht: Mit seinem bis auf eine verdreckte Unterhose nackten Körper, den vielen Tätowierungen, der Gasmaske und der Machete in der Hand weckt er vage

---

[1] TD, S01F03, Minute 54.

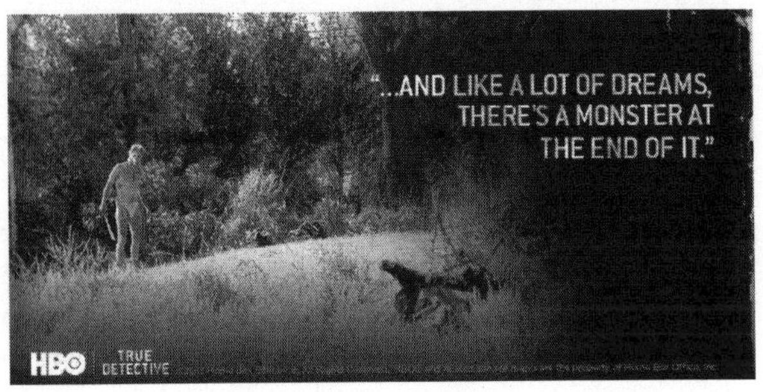

Abb. 10: Die offizielle HBO-Tagline für Reggie Ledoux [TD, S01F03]

Erinnerungen an eine obszöne, blasphemische Unterweltsgottheit aus einem ägyptischen Opferkult oder aus einer Erzählung von H.P. Lovecraft:

> [Die] wahnsinnigen Fackeln begannen Schatten auf die Oberfläche jener stupenden Säulen zu werfen. Nilpferde dürften keine menschlichen Hände haben und Fackeln tragen ... Menschen nicht die Köpfe von Krokodilen ... Ich versuchte mich abzuwenden, doch die Schatten und die Geräusche und der Gestank waren überall. Dann erinnerte ich mich an etwas, das ich als Junge in halbbewußten Alpträumen zu tun pflegte, und ich begann mir immer wie-

> der zu wiederholen: »Dies ist ein Traum! Dies ist nur ein Traum.«[2]

Die gesamte fünfte Folge (die philosophisch und narrativ vielleicht gelungenste der ganzen Serie) steht im Zeichen zweier Autoren: H.P. Lovecraft, der mit seinen Erzählungen wie kein anderer das kosmische Grauen zu vermitteln vermochte, und Friedrich Nietzsche. Während einer knappen Stunde treffen der deutsche Philosoph und der Einzelgänger aus Providence mehrmals einander und aufeinander. Aus ihrer Begegnung entsteht eine Art metaphysisches *waste land*, das die Zuschauer:innen bis zur letzten Szene fesselt und mit Angst erfüllt. Indem sie Dewall unauffällig verfolgen, gelangen Rust und Marty zum Versteck der Ledoux', einer abgeschiedenen, durch Sprengfallen geschützten Hütte im gottverlassenen Sumpfgebiet Louisianas, die den Cousins auch als Drogenlabor zur Erzeugung von Metamphetaminen dient. Die Detektive entscheiden, keine Verstärkung

---

[2] H.P. Lovecraft, »Gefangen bei den Pharaonen« [1924], aus dem Amerikanischen von M. Walter, in: Ders., *In der Gruft und andere makabre Geschichten*, Frankfurt/M.: Suhrkamp 1982, S. 177.

zu holen. Die Idee stammt eigentlich von Rust, der fürchtet, die Gesuchten könnten durch plötzliche Bewegungen und Geräusche Verdacht schöpfen. Während Marty zu diesem Zeitpunkt die Sache weiterhin als »reine Arbeitsangelegenheit« betrachtet, hat sie für Rust schon lange eine neue, persönliche Dimension angenommen.

Dewall Ledoux, der kurz zuvor eine Unterredung mit Rust gehabt hatte, war dieser Aspekt nicht entgangen: »Du bist besessen, kleiner Mann«[3], hatte er misstrauisch gesagt, und war kurzerhand aus den Verhandlungen mit dem vermeintlichen Vertreter eines mexikanischen Drogenkartells (als welcher sich Rust ausgegeben hatte) ausgestiegen. Die Abwesenheit von Zeugen, Rusts Wortwahl[4], das Nachverfolgen der Spuren bis zum Versteck und das Umgehen von Sprengfallen: Diese Konstellation deutet auf eine Regression zum archetypischen, archaischen Moment der rituellen Jagd hin. Die spiralförmigen Fetische, die an den Bäumen hängen (diesmal sind es keine absichtlich hingestellten »Vogelfallen/Teufels-

---

3 TD, S01F05, Minute 3.

4 TD, S01F05, Minute 7: »Warst du schon mal jagen, Marty?«

netze« wie am Tatort von Dora Lange [Abb. 11], sondern spiralförmige Objekte [Abb. 12], die, wie wir sehen werden, einen Ort jenseits der Zeit symbolisieren), die stille und doch bedrohliche Landschaft und die Gewalt, auf die Marty und Rust sich gefasst machen: All diese Elemente markieren ein langsames Absinken, eine Rückkehr in vormenschliche Abgründe.

Die Naheinstellung von Reggies tätowiertem Körper gibt Rätsel auf für all jene, die in die blasphemischen Geheimnisse seiner Sekte eintauchen möchten: Auf dem Rücken sind Notenlinien mit einem Ziegenbock zu sehen, um den Hals sticht eine tätowierte Schlinge hervor; man erkennt überdies verschiedene Hakenkreuze und Sterne, einen Reichsadler, die Zahl 666, weitere Notenlinien, eine betende Figur unklaren Geschlechts, die Akronyme »AB« und »SWP«, ein »Vegvísir« (Symbol aus der isländischen Mythologie) auf einem Arm und einen bärtigen Mann auf dem anderen, eine Rose auf dem Unterarm, den Abdruck einer Hand auf dem linken Bizeps, ein Kriegskreuz am Hals, *aber noch keine Spirale.*

Die Spirale ist eingebrannt zwischen den Schulterblättern, gleich unterhalb von Reggies Nacken.

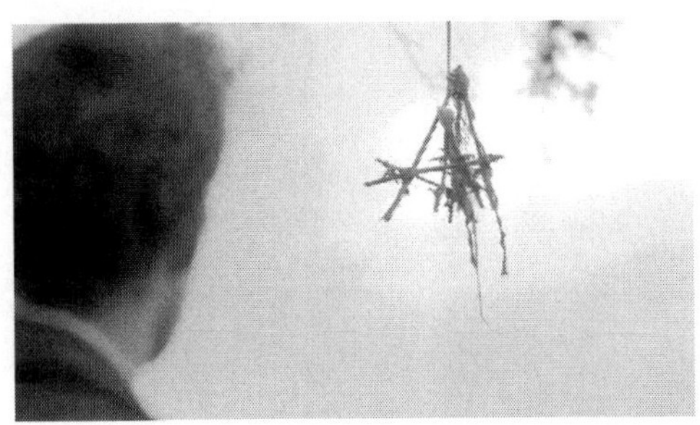

Abb. 11: Eines der »Teufelsnetze« am Baum, unter dem der Körper von Dora Lange gefunden wird. Die Form erinnert an einen dreidimensionalen Käfig mit dem eingeschlossenen Fetisch eines menschenähnlichen Wesens [TD, S01F01]

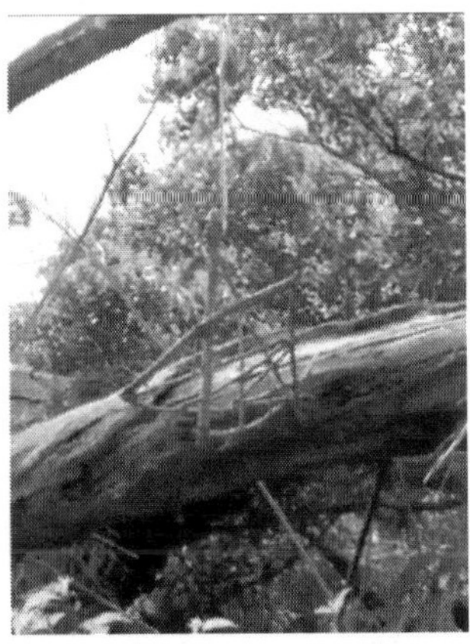

Abb. 12: Eines der spiralförmigen Objekte um die Hütte von Reggie und Dewall Ledoux. Das Symbol wirkt flach und zweidimensional. Im Vergleich zum »Teufelnetz« (oben) weist es eine stärkere Ähnlichkeit mit der Figur einer Spirale auf

Auch Errol Childress trägt dasselbe Motiv an derselben Stelle. Sein spiralförmiges Brandmal wird in der letzten Folge der Staffel – mit der gleichen Einstellung – gezeigt.

Dies leitet zu der Annahme, dass viele der Symbole, die den Körper von Reggie Ledoux zieren, auf die Zeit vor seinem Eintritt in die Sekte datieren könnten. Die rechtsextremen und rassistischen Symbole ließen sich beispielsweise auf die Ideologie der ultrakonservativen, bildungsfernen und NS-affinen Milieus vieler Südstaaten zurückführen. Zumindest der Reichsadler, das Spinnennetz am Ellbogen, das Kriegskreuz und die Schlinge ließen sich in diesen Kontext einordnen (letztere könnte sowohl auf die Lynchmorde von Afroamerikaner:innen als auch auf die lebenslange Verbindung zwischen den Mitgliedern einer bestimmten Gruppierung verweisen). Auch die Kürzel gehören in denselben semantischen Zusammenhang: »AB« steht für »Arian Brotherhood« (»Arische Brüderschaft«), eine Selbstbezeichnung der amerikanischen Neonazis, verbreitet insbesondere im Gefängnismilieu; »SWP« ist die Abkürzung für »Supreme White Power«, ein weiteres Akronym aus dem rechten, rassistischen Umfeld. Auch bei den Hakenkreuzen und dem Vigvísir han-

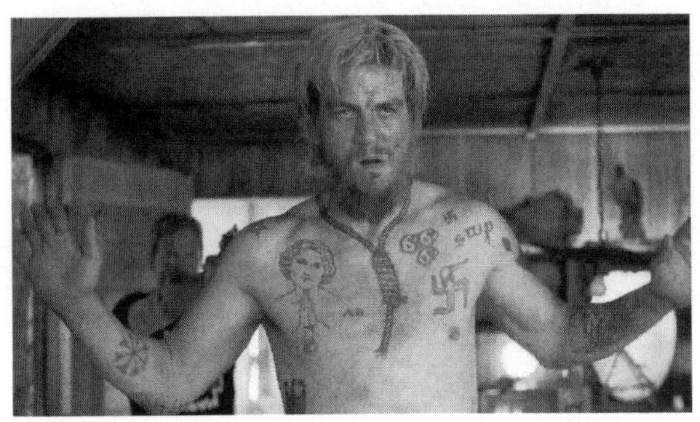

Abb. 13: Reggie Ledoux wird von Marty überrascht [TD, S01F05]

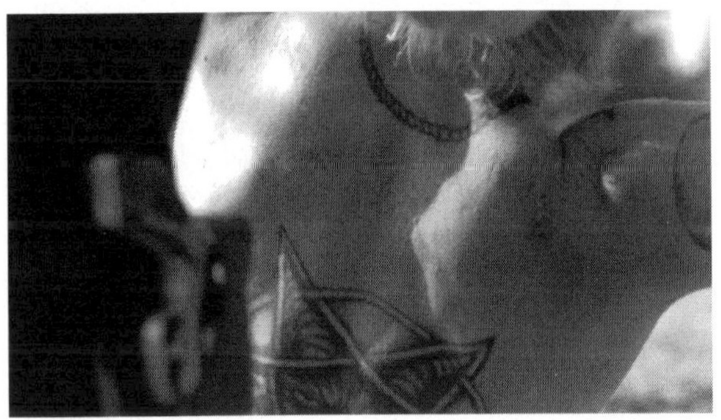

Abb. 14: Die eingebrannte Spirale zwischen den Schulterblättern von Reggie Ledoux [TD, S01F05]

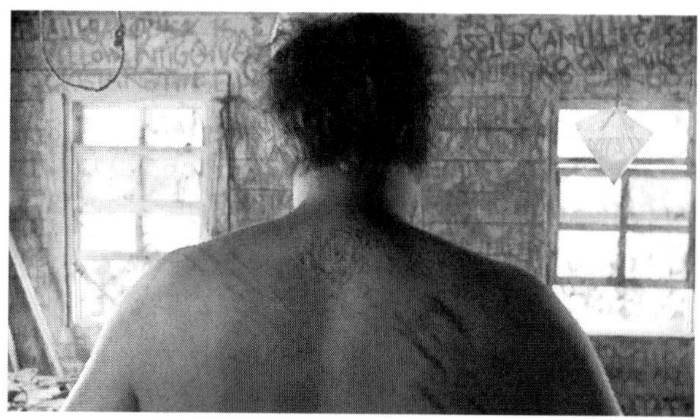

Abb. 15: Die Merkmal der eingebrannten Spirale findet sich auch zwischen den Schulterblättern von Errol Childress [TD, S01F08]

delt es sich um unmissverständliche, von der extremen Rechten aus ihrem ursprünglich religiösen Kontext losgelöste Symbole. Damit betreten wir jedoch bereits jenes esoterisch-religiöse Gebiet, das eine Art »zweite Seele« von Reggie Ledoux darzustellen scheint (wobei die erste – für Menschen mit seinem kulturellen Hintergrund fast eine Selbstverständlichkeit – in den Niederungen des amerikanischen *white trash* zu verorten wäre).

Zu den »politischen« Tätowierungen gesellen sich weitere Motive eindeutig satanistischen Ursprungs: das Fünfeck, der Ziegenbock und die Zahl

666.[5] Auch diese Symbole könnten auf eine Zeit vor Reggies Einstieg in den blasphemischen Kult zurückgehen: In der Serie ist nämlich fast ausschließlich vom »König in Gelb« (»The Yellow King«) und so gut wie nie vom Satan die Rede. Der Teufel und der Satanismus finden nur an zwei Stellen Erwähnung: das erste Mal im Erzählblock aus dem Jahr 1995, als der Reverend Tuttle Druck auf das Polizeidezernat ausübt, damit die Ermittlungen von seiner eigenen Sondereinheit für »antichristliche Verbrechen«[6]

---

5 Die androgyne Figur auf Reggies Brust verdient eine eigene Betrachtung. Laut dem Tätowierer aus Fukunagas Team soll das Porträt sowohl ein betendes Kind als auch Rusts Gesicht darstellen (vgl. *Cary Joji Fukunaga and Tattoo Artist John Lord*, Interview von Jonathan Shia für *The Last Magazine* vom 10.05.2017, https://thelast-magazine.com/cary-joji-fukunaga-true-detective-tattoo-artist-josh-lord/). Das Bild würde also zwei Elemente vereinen: einerseits die Perversion des christlichen Glaubens, die den Akolythen der Sekte als oberflächliche, schamlos frevelhafte Fassade für ihren Kult dient, und andererseits das äußerst unkonventionelle Zeitverständnis, das sich die Sekte auf rätselhafte Weise angeeignet hat. Reggie trägt also seit längerer Zeit in sich – gleichsam als Markierung am eigenen Körper – das Schicksal, das ihn mit Rust zusammenführen wird.

6 Vgl. TD, S01F01, Minute 48.

übernommen werden (im Laufe der Staffel wird sich herausstellen, dass der Geistliche nicht nur mit den Ledoux' verwandt, sondern auch in die rituellen Morde verwickelt oder gar unmittelbar daran beteiligt war). Angesichts von Tuttles Absicht, die Ermittlungen in die Irre zu führen, ist man versucht, den von ihm angeführten satanistischen Hintergrund für unwahrscheinlich zu halten. Die zweite Erwähnung des Satanismus oder zumindest von dessen Topologie ist rätselhafter, aber auch bedeutender. Sie kommt aus dem Mund von Errol Childress, dem gefährlichsten und unmenschlichsten unter den Mördern der Sekte: »An manchen Morgen sehe ich die infernalische Ebene«[7], wird er in der letzten Episode sagen. Childress' Bezug auf die »infernalische Ebene« dürfte allerdings auf einen Kontext verweisen, der weit über die vordergründige Anspielung auf den Satanismus hinausgeht, wie wir sehen werden.[8]

In Anlehnung an Heraklit könnte man sagen, dass zwischen der »unsichtbare[n]« und der »sicht-

---

7 TD, S01F08, Minute 4.

8 Vgl. Kapitel 8 dieses Buches (»Der Tod ist nicht das Ende«).

bare[n] Fügung«[9] der tätowierten Motive an Reggie Ledoux' Körper eine ontologische Differenz besteht: Auf einer Seite befinden sich – nach dieser Lesart – die mit einfacher Tinte gezeichneten Symbole, die oberflächliche, allzu »sichtbare« Überzeugungen darstellen und die Reggie im Umfeld der ungebildeten rechtsextremen »Rednecks« aus Louisiana verorten, auf der anderen eine verborgene Struktur, symbolisiert durch die in das Fleisch eingebrannte Spirale. Dieses Zeichen entspringt einer obskuren, seherischen Mystik, deren Vision Reggie in den wenigen Sätzen wiedergibt, die das Drehbuch für ihn vorsieht.

Rust und Marty gelingt es also, unbehelligt bis zum Versteck der Ledoux' vorzudringen. Marty, der sich von hinten angeschlichen hat, schafft es, den überraschten Reggie problemlos festzunehmen. Er lässt ihn auf die Knie gehen und übergibt ihn daraufhin seinem Kollegen. Rust hält nun Reggie die Dienstwaffe an den Kopf, während Marty weiterzieht, um das Gelände nach Dewall abzusuchen. In

9 Vgl. H. Diels/W. Kranz (Hgg.), *Die Fragmente der Vorsokratiker* [1903], Bd. 1, Zürich: Weidmann 1951, S. 152.

diesen wenigen, hektischen Minuten[10] entsteht einer der intensivsten Dialoge der ganzen Serie. Er entspinnt sich zwischen dem knienden, machtlosen Reggie und Rust, der sowohl ihn als auch den plötzlich aufgetauchten Dewall gleichzeitig in Schach halten muss, während Marty auf sich warten lässt:

> Es ist so weit, oder? Die schwarzen Sterne. Die schwarzen Sterne gehen auf. Ich weiß, was jetzt kommt. Du warst in meinem Traum. Du bist jetzt in Carcosa, gemeinsam mit mir. Er sieht dich. Du wirst das wieder tun. Die Zeit ist ein flacher Kreis. Die Sonne versinkt hinter dem See von Hali. Die Zwillingsmonde. Die schwarzen Sterne, sie kreisen am Himmel.[11]

Das sind die einzigen Worte, die wir von Reggie in der ganzen Serie hören werden. Kurz darauf kehrt Marty von seiner Erkundung zurück. Im Haus der Cousins hat er zwei Kinder entdeckt, die gefangen gehalten, vergewaltigt, gequält und (im Fall des kleinen Billy) ermordet worden waren (das zweite Kind,

---

[10] TD, S01F05, Minuten 13-15.

[11] TD, S01F05, Minute 14.

Kelly Reider, ist noch am Leben). Entsetzt und aufgewühlt, tötet er Reggie mit einem Kopfschuss aus nächster Nähe. Dewall stirbt wenige Augenblicke später, als er bei einem Fluchtversuch in eine seiner selbstgebauten Sprengfallen gerät.

»Die Zeit ist ein flacher Kreis«: Wer würde schon von einem perversen Verbrecher von Reggies Schlag einen solchen Satz erwarten? Auch Rust zeigt sich überrascht. Sogar in der Hektik der Situation begreift er jedoch, dass sich hinter diesen Worten Tiefgründiges verbirgt: »Ist das Nietzsche? Halt' deine Scheißklappe.«[12] Reggie, wie Rust geahnt hat, scheint sich auf Nietzsches Gedanken der ewigen Wiederkehr zu beziehen – eine der erschütterndsten, komplexesten und faszinierendsten Theorien der Zeitlichkeit in der modernen Philosophie:

> Wie, wenn dir eines Tages oder Nachts ein Dämon in deine einsamste Einsamkeit nachschliche und dir sagte: »Dieses Leben, wie du es jetzt lebst und gelebt hast, wirst du noch einmal und noch unzählige Male leben müssen; und es wird nichts Neues daran sein, sondern jeder Schmerz und jede Lust und

---

12 TD, S01F05, Minute 14.

jeder Gedanke und Seufzer und alles unsäglich Kleine und Große deines Lebens muß dir wiederkommen, und alles in derselben Reihe und Folge – und ebenso diese Spinne und dieses Mondlicht zwischen den Bäumen, und ebenso dieser Augenblick und ich selber. Die ewige Sanduhr des Daseins wird immer wieder umgedreht – und du mit ihr, Stäubchen vom Staube!« – Würdest du dich nicht niederwerfen und mit den Zähnen knirschen und den Dämon verfluchen, der so redete? Oder hast du einmal einen ungeheuren Augenblick erlebt, wo du ihm antworten würdest: »du bist ein Gott und nie hörte ich Göttlicheres!« Wenn jener Gedanke über dich Gewalt bekäme, er würde dich, wie du bist, verwandeln und vielleicht zermalmen; die Frage bei allem und jedem: »willst du dies noch einmal und noch unzählige Male?« würde als das größte Schwergewicht auf deinem Handeln liegen! Oder wie müßtest du dir selber und dem Leben gut werden, um nach nichts mehr zu verlangen als nach dieser letzten ewigen Bestätigung und Besiegelung?[13]

---

[13] F. Nietzsche, *Die fröhliche Wissenschaft* [1882], in: Ders., *Kritische Studienausgabe*, Bd. 3, a.a.O., S. 343-652, hier S. 570.

Nietzsches Zarathustra spricht von der ewigen Wiederkunft als von seinem »abgründlichsten Gedanken«[14]. Er ist auch der furchtbarste, weil er uns zwingt, jeden Augenblick unseres Lebens, jede Handlung, jede Leidenschaft, jeden erlittenen oder zugefügten Schmerzen so zu leben, als würden diese noch in aller Ewigkeit wiederkehren. Alles wird sich wiederholen, alles hat sich schon unzählige Male wiederholt. Der Mensch, so Nietzsche, könne diesen entsetzlichen, abgründigen Gedanken nur durch die tragische und heroische »Bejahung« des Lebens ertragen, durch ein umfassendes »Ja« zu allem, was ist, auch zum Schmerzen, zur Sinnlosigkeit des Lebens und zum Tod.

Doch ist Rust weder Nietzsche noch Zarathustra; er kann das Leben weder bejahen noch bedingungslos annehmen:

> Mir sagte mal jemand: »Die Zeit ist ein flacher Kreis.« Alles, was wir getan haben oder tun werden, werden wir immer und immer wieder tun. Der kleine Junge und das kleine Mädchen werden in

---

[14] Ders., *Also sprach Zarathustra*, in: Ders., *Kritische Studienausgabe*, Bd. 4, a.a.O., S. 271.

> diesem Raum sein. Immer wieder. Und wieder. Und wieder. Für immer.[15]

Für jemanden, der die Welt mit Rusts Augen sieht, muss die ewige Wiederkunft des Gleichen und die Vorstellung der Zeit als flachen Kreises das absolute Grauen, einen paradoxen und unannehmbaren Gedanken darstellen. Zwischen Rust und Reggie kann deshalb nur Letzterer als Nietzscheaner gelten. Davon legen seine wenigen, aber unvergesslichen Sätze Zeugnis ab: »Es ist so weit, oder? [...] Ich weiß, was jetzt kommt. [...] Du wirst das wieder tun.«[16] Reggie hat in seinen »Träumen«[17] den Augenblick seines eigenen Todes gesehen: Er hat ihn – in seiner ganzen Tragweite – angenommen. Genau in diesem Sinn wird Errol Childress in der letzten Folge sagen, Rust habe Reggie »gesegnet«.[18] Metaphysische Überlegungen dieser Art passen jedoch nicht zu Rust, dessen Grundhaltung eine szientistische ist. Demnach versucht er, eine wissenschaftliche Erklärung für die

---

[15] TD, S01F05, Minute 18.

[16] TD, S01F05, Minute 14.

[17] TD, S01F05, Minute 14.

[18] TD, S01F08, Minute 33.

Vision kosmischen Grauens des Nietzscheaners Ledoux zu finden, indem er die sogenannte »M-Theorie« ins Spiel bringt:

> Haben Sie schon mal was von der M-Theorie gehört, Detectives? […] In diesem Universum haben wir eine lineare Zeitauffassung. Die Zeit schreitet fort. Aber außerhalb unserer Raumzeit, also aus der Perspektive einer vierten Dimension, existiert die Zeit gar nicht. Aus dieser Perspektive, wenn wir sie erreichen könnten, würde unsere Raumzeit flach aussehen. […] Unsere Empfindungen kreisen durch unser Leben wie Rennwagen auf einer Piste. Alles, was außerhalb unserer Dimension liegt, ist die Ewigkeit.[19]

Rust spricht hier von der »Membran-Theorie«, einer von Edward Witten und anderen Wissenschaftler:innen erarbeiteten synkretistischen Theorie, die darauf abzielt, alle Annahmen der am weitesten fortgeschrittenen Forschungsgebiete der theoretischen Physik und der Mathematik in einer einheitlichen

---

19 TD, S01F05, Minute 30.

Theorie (bekannt auch als »Weltformel« oder »Theorie von Allem«)[20] zu verknüpfen.

Wie so oft, entpuppt sich Rust einmal mehr als Szientist, aber keineswegs als Wissenschaftler. Im Gegenteil: Er erweist der Wissenschaft einen besonders schlechten Dienst, indem er komplexe Theorien verkürzt und kursorisch zusammenfasst oder gar falsch wiedergibt. Dies ist auch bei der M-Theorie der Fall, die in der Tat von einem Raum mit elf und nicht mit nur vier Dimensionen[21] ausgeht (nicht zu-

---

[20] Eine populärwissenschaftliche Darlegung findet sich in B. Greene, *Das elegante Universum: Superstrings, verborgene Dimensionen und die Suche nach der Weltformel*, aus dem Englischen von H. Kober, München: Goldmann 2006.

[21] Für eine anschauliche, auch für Laien verständliche Einführung in die »M-Theorie« vgl. K. Hashimoto, *D-Brane, Superstrings and New Perspective on Our World*, Berlin/Heidelberg: Springer 2002, insbesondere S. 63 für das Konzept der vierdimensionalen Abflachung als vereinfachtes physikalisches Modell einer Realität mit mehr als vier Dimensionen. Interessanterweise bringt Hashimoto das Beispiel der Abflachung eines zweidimensionalen Kreises in einen scheinbar flachen Kreis an, um die Theorie des »Compactified Spacetime« zu erläutern. Für einen Ansatz, der *True Detective* und die »M-Theorie« zusammenführt, vgl. auch C. Doyle/K. Foyle, »The Flat Devil Net: Mapping Quantum Narratives in *True Detective*«, in: E.

letzt deshalb, weil unsere raumzeitliche Wirklichkeit bereits vier Dimensionen aufweist: Länge, Breite, Tiefe *und* Zeit). Wie an anderen Stellen der Serie entsteht auch hier der Eindruck, Rusts häufiger Rückgriff auf wissenschaftliche Theorien sei nichts anderes als ein pathetischer Versuch, eine Erklärung und eine rationale Begründung für das abgrundtiefe Grauen zu finden, mit dem Reggie (und Nietzsche) sein Zeitverständnis erschüttert haben. Die vereinheitlichende Vision der »M-Theorie« erlaubt es ihm, eine – kantische – Unterscheidung wiedereinzuführen: zwischen »unserer Raumzeit« und der »vierdimensionalen« Perspektive, sprich zwischen einer subjektiv gültigen Realität einerseits und einer objektiv gültigen, aber sinnlich nicht wahrnehmbaren »Welt an sich« andererseits. Rusts Dualismus erfüllt den Zweck, das kosmische Grauen aufzuschieben, oder genauer: es auf eine rationale, gewiss fremde und beunruhigende, aber letztlich erfassbare Ebene zu verlegen. Und doch scheint Rust an seiner eigenen Interpretation zu zweifeln, wie seine Zaghaftigkeit und seine eigenen Aussagen gleich nach dem Hin-

---

Connole/P.J. Ennis/N. Masciandaro, *True Detection* (ed.), Charleston: Schism Press 2014, S. 179-195.

weis auf die »M-Theorie« verraten: »Die Ewigkeit sieht auf uns hinunter. Uns erscheint sie wie eine Kugel. Aber für sie ist sie ein Kreis.«[22]

Wer sind »sie«? Die Szene, in der Rust seine Version der »M-Theorie« umreißt, spielt im Jahr 2012 während der Einvernahme durch die Detektive Gilbough und Papania. Sein gewohnt selbstgefälliger Monolog ist – besonders in dieser Episode – von einer wiederholten Handlung begleitet: Rust zerschneidet mehrere Bierdosen, um daraus kleine Blechfiguren zu falten, fünf an der Zahl (Abb. 16). Kurz nachdem er sein Werk vollbracht hat, spricht er jenes »sie« aus und zeigt gleichzeitig mit der Hand zuerst nach oben und dann nach unten (zu den fünf Blechfiguren). Das sind die fünf Männer, von denen Rust im Jahr 2012 besessen und zutiefst erschüttert zu sein scheint. Wie wir später erfahren werden, hat er in diesem Jahr eine furchtbare Wahrheit entdeckt: Bei den rituellen Morden, den Misshandlungen und Vergewaltigungen von Kindern hatten Reggie und Dewall Ledoux nicht allein gehandelt, denn in die Taten waren drei weitere Männer, also insgesamt fünf Per-

---

[22] TD, S01F05, Minute 31.

sonen verwickelt. Und: Morde, Vergewaltigungen und Misshandlungen hatten sich auch nach der Tötung der Ledoux' im Jahr 1995 ereignet, ohne dass er und Marty davon Notiz genommen hätten. Jetzt, siebzehn Jahre später, hat Rust das Grauen entdeckt. Noch schlimmer: Er hat es mit seinen Augen gesehen, in einem amateurhaft gedrehten Snuff-Film, der fünf maskierte Männer zeigt, während sie ein Mädchen – die vermisste Marie Fontenot – vergewaltigen und ermorden (Abb. 17). Fünf waren auch die kostümierten berittenen Männer hinter der kleinen Dora Lange, zu sehen auf einem alten Foto im Haus ihrer Mutter (Abb. 18). Fünf waren schließlich die männlichen Puppen, mit denen Martys Töchter ihre krankhafte Fantasie einer Gruppenvergewaltigung inszeniert hatten (Abb. 19).

Nun fürchtet Rust, dass jene fünf Figuren gegenwärtig sein könnten. Dass sie jetzt aus einem Jenseits der Zeit, aus der Ewigkeit auf uns hinuntersehen könnten. Fünf Monster wie Reggie, die aber anders als er so lange in den Abgrund geblickt haben, bis sie sich von den Fesseln dieser Welt befreien konnten. Reggie selbst hatte es vorausgesagt: »Ich weiß, was jetzt kommt. [...] Du wirst es wieder tun.« Hinter Rusts betontem Glauben an die Physik und

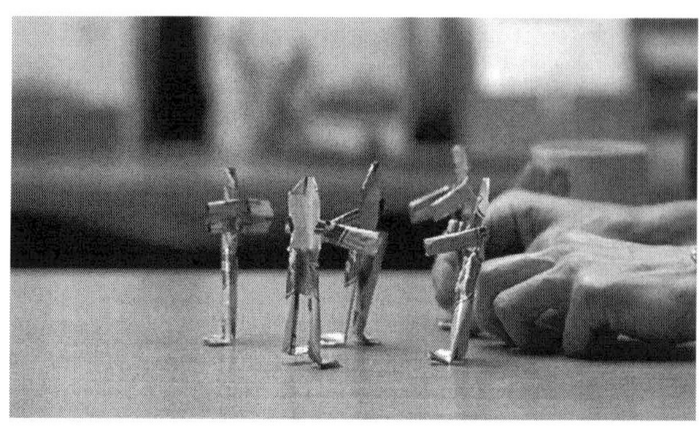

Abb. 16: Die fünf Blechmännchen, die Rust mit Bierdosen anfertigt [TD, S01F05]

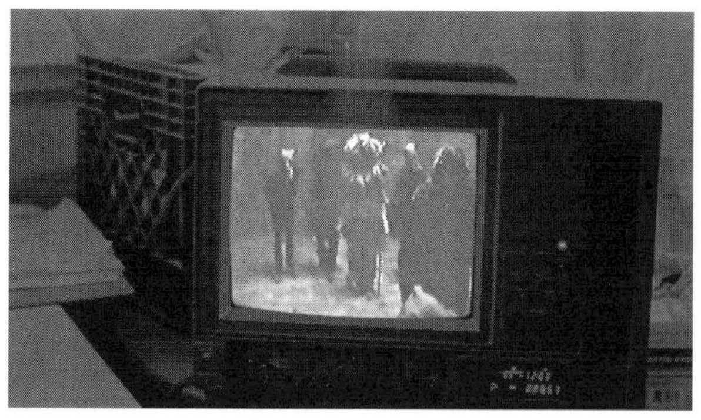

Abb. 17: Die fünf maskierten Männer in den Videoaufnahmen der Ermordung von Marie Fontenot [TD, S01F07]

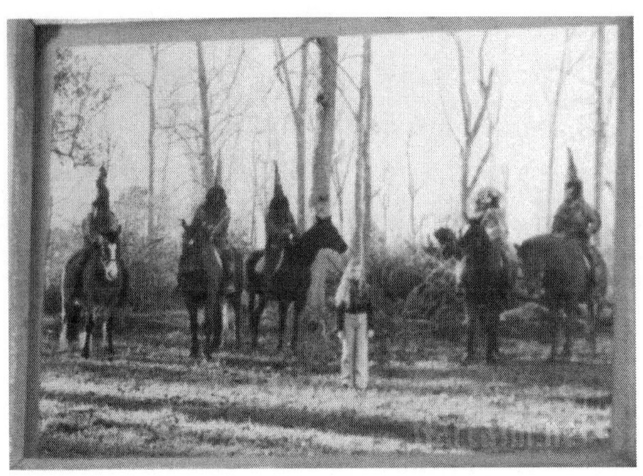

Abb. 18: Die fünf berittenen Männer hinter Dora Lange [TD, S01F02]

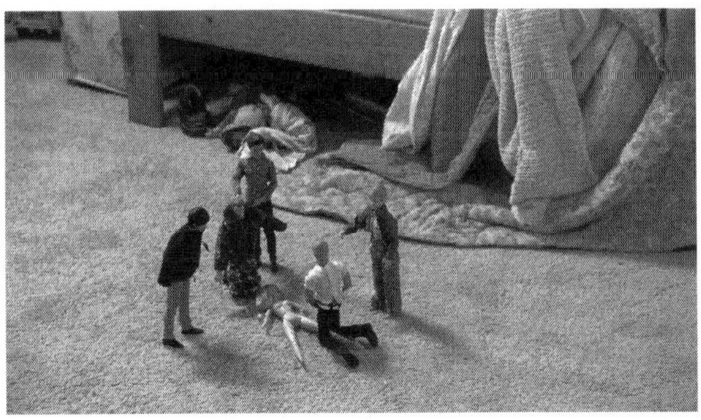

Abb. 19: Die fünf männlichen Puppen in der von Martys Töchtern nachgestellten Gruppenvergewaltigung [TD, S01F02]

an eine rationale Auffassung des Kosmos verbirgt sich die tiefe Angst, es könnte eine weitere Ebene geben, eine metaphysische und furchtbare Dimension. Und die abscheulichen Verbrecher der Sekte könnten durch ihre unsagbaren Praktiken, in denen alles ewig, zyklisch und ausweglos ist, diese Ebene bereits erreicht haben:

> In der Ewigkeit gibt es keine Zeit. Dort kann nichts wachsen und nichts werden. Nichts verändert sich. Der Tod hat das Leben geschaffen, damit Dinge wachsen, die er dann tötet. Man wird wiedergeboren, aber in dasselbe Leben, in das man schon immer geboren wurde. Wie oft haben wir dieses Gespräch schon geführt? Wer weiß das schon? Man kann sich an die Leben nicht erinnern, man kann seine Leben nicht verändern. Das ist das furchtbare und geheime Schicksal allen Lebens. Man ist gefangen. Wie in einem Albtraum, in den man immer wieder aufwacht.[23]

Rust setzt seine Untersuchungen zu den rituellen Morden fort. In ihm bestehen nebeneinander die Überzeugung, in einer ontologischen, metaphysi-

---

[23] TD, S01F05, Minute 38.

schen Falle zu sitzen, und die pragmatisch-ethische Haltung, die ihn zum Handeln bewegt. Demnach kann und muss er das Grauen beenden, dessen Zeuge er war. In dieser Spaltung zwischen metaphysischem Grauen und ethischem Anspruch entfalten sich die letzten Folgen der ersten Staffel von *True Detective*.

Ein verschlossener Raum

»Man muss sich an nichts mehr festklammern. Sie [die ermordeten Frauen] haben eingesehen, dass das ganze Leben, all die Liebe, der Hass, die Erinnerungen, das Leiden im Grunde alles nur eins war. Es war alles ein einziger Traum, den man in einem verschlossenen Raum gelebt hat. Der Traum, dass man so etwas wie ein Individuum war.«[1] Am Ende von Rusts langem Monolog, der die dritte Folge abschließt, taucht das grauenvolle, monadologische Bild des verschlossenen Raums auf. Das Subjekt, so Rust, sei nicht in einem Raum eingesperrt (was an sich furchterregend genug wäre), es *sei* jener verschlossene Raum. Ein Innenraum, der mit der Außenwelt nicht kommuniziert und von der gleichgültigen Welt nicht wahrgenommen wird. Wie Sigmund Freuds Unbewusstes kennt auch der verschlossene Raum keine Zeit und lebt durch den Traum (ein weiterer Berührungspunkt mit Freuds Unbewusstem). Die Dimen-

---

1 TD, S01F03, Minute 53.

sion des Unbewussten ist der Ort, an dem sich die furchtbarsten verdrängten Inhalte der menschlichen Psyche einnisten, das, was einen »am Ende« erwartet: »Und wie in so vielen Träumen taucht am Ende ein Monster auf.«[2] Aus diesen Worten blitzt eine starke metaphysische Vision hervor, die für einen kurzen Augenblick die szientistische Haltung des texanischen Detektivs in den Schatten stellt. Die Szene gehört zum dritten Erzählblock und somit zu den Ereignissen aus dem Jahr 2012. Zum Schluss begreift also Rust, dass *diese Welt ein Schleier ist*, wie der Reverend Theriot bereits siebzehn Jahre zuvor gesagt hatte. In Rusts später Erkenntnis hallen aber nicht nur die Worte des Predigers, sondern auch und vor allem jene von Arthur Schopenhauer wider, dem Philosophen, der – zusammen mit Nietzsche – von den Filmkritiker:innen am häufigsten mit Rusts Monologen in Verbindung gebracht wird.[3] Auch Schopenhauer hielt diese Welt für einen Schleier. Er verglich

---

2 TD, S01F03, Minute 54.

3 Vgl. S. Shapshay, »Why Life Rather than Death? Answers from Rustin Cohle and Arthur Schopenhauer«, in: J. Graham/T. Sparrow (ed.), *True Detective and Philosophy*, a.a.O., S. 3-10.

sie mit dem buddhistischen »Schleier der Maya«, dem Symbol der täuschenden Wirklichkeit, die das Wesen der Dinge (in Schopenhauers Terminologie: den »Willen«) verhüllt. Mit Willen ist nicht der individuelle Wille, sondern ein universeller, blinder und mächtiger Wille gemeint, der nur sich selbst will. Ein »Etwas« (und kein »Jemand«), das einzig auf die eigene Reproduktion abzielt. Diese vollzieht sich durch die Fortpflanzung der Lebewesen und führt unweigerlich zur Vermehrung des mit jeder Existenz einhergehenden Leidens:

> Das Leben [stellt] sich keineswegs dar als ein Geschenk zum Genießen, sondern als eine Aufgabe, ein Pensum zum Abarbeiten, und dementsprechend sehn wir im Großen wie im Kleinen allgemeine Not, rastloses Mühen, beständiges Drängen, endlosen Kampf, erzwungene Tätigkeit mit äußerster Anstrengung aller Leibes- und Geisteskräfte. [...] Aber der letzte Zweck von dem allen, was ist es? Ephemere und geplagte Individuen eine kurze Spanne Zeit hindurch zu erhalten, im glücklichsten Fall mit erträglicher Not und komparativer Schmerzlosigkeit, der aber auch sogleich die Langeweile aufpaßt; sodann die Fortpflanzung dieses Geschlechts und seines Treibens. – Bei diesem offenbaren Mißver-

> hältnis zwischen der Mühe und dem Lohn erscheint uns von diesem Gesichtspunkt aus der Wille zum Leben, objektiv genommen, als ein Tor oder, subjektiv, als ein Wahn, von welchem alles Lebende ergriffen, mit äußerster Anstrengung seiner Kräfte auf etwas hinarbeitet, das keinen Wert hat.[4]

Indem sie sich fortpflanzen, reproduzieren die Lebewesen die Sinnlosigkeit des Lebens, des Todes und vor allem des Schmerzes als steten Begleiters jeder einzelnen Existenz, die sich auf der Bühne der Welt abspielt. Indem sie sich vermehren, wehren sich die Menschen (und die anderen Lebewesen gleichermaßen) gegen eine Erkenntnis, die Rust in wenigen, einfachen Worten zum Ausdruck bringt: »Unser Ich ist bloß ein brüchiges Konstrukt aus Anmaßung und blindem Willensdrang.«[5] Rusts »blinder Willensdrang« und Schopenhauers Wille fallen letztlich zusammen. Der Regisseur Cary Joji Fukunaga und der Drehbuchautor Nic Pizzolatto unterstreichen diese Übereinstimmung mit filmischen Mitteln: Während

---

4 A. Schopenhauer, *Die Welt als Wille und Vorstellung*, Bd. 2, Ergänzungen zum zweiten Buch, Frankfurt/M. und Leipzig: Insel 1996, S. 462.

5 TD, S01F03, Minute 53.

Rust spricht (»Das ist es, was ich meine, wenn ich von der Zeit rede. Und vom Tod und der Sinnlosigkeit.«)[6], sehen wir in einer Blende Zeitlupenaufnahmen, die Rust und Marty in einem Augenblick (flüchtigen) Glücks aus der Zeit der Ermittlungen zeigen, während sie mit ihren Gefährtinnen auf einem Countryfest tanzen.

Abseits von »Anmaßung« und »blindem Willensdrang« findet für Rust unser Leben in einer zeitlosen Dimension statt, in einer diffusen Metaphysik, in der ein Strom aus Empfindungen, Regungen und Gefühlen in illusorische, gehaltlose Gegebenheiten einfließt. Wir haben es erneut mit einer Vorstellung der Nichtigkeit des Individuums und des Realen zu tun, die Ähnlichkeiten mit der Weltanschauung der östlichen Metaphysiken aufweist:

> »Hol eine Frucht des Feigenbaums!« – »Hier, Ehrwürdiger!« – »Zerteile sie!« – »Ich habe sie zerteilt, Ehrwürdiger.« – »Was siehst du darin?« – »Diese ganz winzigen Körner, Ehrwürdiger.« – »Zerteile eines von ihnen, mein Guter!« – »Ich habe es zerteilt, Ehrwürdiger.« – »Was siehst du darin?« –

6 TD, S01F03, Minute 52.

> »Gar nichts, Ehrwürdiger.« […] »Glaube, mein Lieber: Was diese Winzigkeit ist, das ist das Selbst dieses Universums. Das ist die Wahrheit. Das ist das [individuelle] Selbst. Das bist du, Svetaketu.«[7]

Unser gemeinsames Schicksal, die Tatsache, dass wir alle in ein und derselben »Lebensfalle«[8] sitzen, macht aus uns noch lange keine Individuen: Alles sei ein einziger »Traum«, bei dem wir uns in der Illusion wiegen, substanzielle Einheiten bzw. Träger intentionaler Akte zu sein. In Wirklichkeit sei aber jeder von uns ein »verschlossener Raum«, in dem die Träume des »blinden Willensdrangs« (nun endgültig im Sinne von Schopenhauers Willen) geträumt werden. Rusts Metapher des verschlossenen Raums offenbart also eine a-subjektive Auffassung des menschlichen Wesens: Die Menschen seien folglich leere Räume, in denen physikalische und metaphysische, individuelle und überindividuelle Kräfte wirken – lauter Bühnen für die Auftritte des Willens, aber keine Subjekte.

---

7 *Upanischaden*, aus dem Sanskrit von P. Thieme, Stuttgart: Reclam 1979, 6.12.1-3a, S. 52f.

8 TD, S01F03, Minute 7.

Diese Vision gehört zum »übernatürlichen Grauen«[9], von dem H.P. Lovecraft spricht. Lovecrafts Grauen ist insofern übernatürlich, als es nicht der Welt selbst, sondern der Tatsache entspringt, dass die Welt bloß ein »Schleier« ist, der Wesen, Entitäten, räumliche und zeitliche Dimensionen verhüllt, die unsere Vorstellung eines geordneten Kosmos erschüttern, d.h. alle – ethischen, physikalischen und metaphysischen – Koordinaten in Frage stellen würden, in denen die Welt, der Mensch und die Natur einen für uns selbstverständlichen Platz einnehmen. Rusts übernatürliches Grauen geht jedoch aus einer nihilistischen Auffassung des Menschen hervor. Das »Nichts« seines radikalen Nihilismus ist demnach an den Begriff der Subjektivität gekoppelt. Alles, was wir für gegeben hinnehmen (etwa unsere Individualität), wird nicht nur in Zweifel gezogen, sondern als grundsätzlich falsch und unwahr betrachtet. Es gebe lediglich eine Flut von Handlungen, die im verschlossenen Raum stattfinden, aber keine Subjekte. Die Menschen sollen folglich nicht nach ihrem Wesen (»Jeder ist schul-

---

9 H.P. Lovecraft, *Das übernatürliche Grauen in der Literatur* [1927], aus dem Amerikanischen von A. Pechmann, München: Golkonda Verlag 2014.

dig«)[10], sondern nach ihren Taten beurteilt werden. Genau diese Einstellung macht Rust zu dem ausgezeichneten Detektiv, der in sieben Jahren mehr Fälle lösen konnte als jeder andere Ermittler zuvor.[11] Rust macht sich keine Illusionen darüber, was ein Mensch sei und wie er zu handeln habe, und ebenso wenig darüber, was richtig und was falsch sei: Für ihn gibt es einzig menschliche Marionetten, die in einem Traum, im verschlossenen Raum ihrer Existenzen agieren.[12] Wie bereits erwähnt, entwertet dies keineswegs seine Arbeit als Ermittler: Auch in der »Gosse« unserer Welt hat eine minimale Ethik Bestand, die darauf abzielt, das Leid zu minimieren. Deshalb ist Rust nicht nur ein guter, sondern auch ein durch und durch zynischer und gnadenloser Detektiv, der in seinen Verhören alle Befragungstechniken anwendet, damit die Schuldigen der Justiz übergeben werden. Das erscheint nahezu selbstverständlich für jeman-

---

10 TD, S01F05, Minute 23.

11 Vgl. TD, S01F05, Minute 23.

12 Diese psychoanalytisch begründete These findet sich in D. Tutt, »Cohle and Oedipus: The Return of Noir Hero«, in: J. Graham/T. Sparrow (ed.), *True Detective and Philosophy*, a.a.O., S. 169-176, hier S. 174.

den, der weder an das Individuum noch an den Wert des menschlichen Lebens glaubt. Genau deshalb erinnert Rust in den Verhörszenen an einen Priester[13], der in der Beichte ein Bekenntnis erreichen will. Als Priester ist er wohlgemerkt ein Inquisitor, der das Geständnis verfolgt, um eine Absolution aussprechen zu können, die zugleich eine Verurteilung ist.

> Warum gibt es im Grunde das Geständnis? Nicht nur, damit ein Subjekt sagen kann: »Ja, ich habe dieses Verbrechen begangen«, sondern auch, damit es mit seinen Worten in gewisser Weise das Prinzip selbst des Strafgesetzes offenbart, damit es als Schuldiger gewissermaßen durch sein Geständnis die Souveränität sowohl des Gesetzes als auch des Gerichts, das es bestrafen wird, anerkennt und sich mit ihnen identifiziert. [...] Das Geständnis stellt eine Art Wahrheitsvertrag dar, der es dem Urteilenden erlaubt, sein Wissen aus einer unbezweifelbaren Quelle zu beziehen.[14]

---

[13] Auch Errol Childress wird Rust als »kleinen Priester« bezeichnen (vgl. TD, S01F08, Minute 31).

[14] M. Foucault, *Mal faire, dire vrai. Fonction de l'aveu en justice, Cours de Louvain, 1981*, Louvain: Presses Universitaires de Louvain 2012, S. 207-209 [Übersetzung FR].

In einem für die Entwicklung der Geschichte zentralen Kriminalfall aus dem Jahr 2002 bringt Rust Guy Leonard Francis, den »zugedröhnten Apothekenplünderer aus dem Süden« mit einem Kniff dazu, den Mord an zwei Menschen im Laufe eines Apothekenüberfalls zu gestehen. Nachdem er Francis vorgegaukelt hatte, er könnte der Verurteilung entgehen, wenn er nur zugäbe, unter dem Einfluss von Drogen gehandelt zu haben, verleitet ihn Rust – in einer zunehmend emotionsgeladenen Beichte – dazu, um Vergebung zu flehen. Erst jetzt erklärt Rust dem Geständigen mit nahezu unmenschlicher und zynischer Teilnahmslosigkeit, er habe soeben einen Doppelmord gestanden, wofür er eine Strafe absitzen wird.[15] Daraufhin gerät Francis in Panik. Durch seine letzten, verzweifelten Aussagen werden die Ermittlungen über die mörderische Sekte eine unerwartete Wende nehmen, bis zur abschließenden Auseinandersetzung zwischen den zwei Detektiven und Errol Childress.

Doch nicht diese, sondern eine andere Szene ist Kern und Symbol des Erzählstrangs rund um das Schuldeingeständnis in *True Detective 1*. Es handelt

---

[15] TD, S01F05, Minuten 32-35.

sich um den Dialog, der zum Geständnis der sogenannten »Marschland-Medea« führt. Die Frau heißt Charmaine Boudreaux und wird von Rust nach dem Tod ihres neugeborenen Kindes einvernommen. Es ist bereits ihr dritter toter Säugling hintereinander. Zu Beginn der Befragung zeigt Rust eine Empathie, die nur vorgespiegelt sein kann: Er hat selbst eine kleine Tochter verloren – ein verhängnisvolles Ereignis, das sein Leben zerstört und zum Scheitern seiner Ehe geführt hat. Auch Marty ist im Verhörzimmer anwesend. Er verhält sich der Frau gegenüber abschätzig und empfiehlt ihr, beim nächsten Mal ein Kondom zu verwenden. Rust hat indes begriffen, dass Charmaine ihre Schwangerschaften bewusst anstrebt, aber die Mutterschaft als unerträglich ablehnt. Die Frau reagiert auf Martys Fragen mit Wut, nimmt eine Abwehrhaltung ein: »Verhütung ist eine Sünde. Kinder sind wundervoll.«[16] Rust hingegen pflichtet ihr bei: »Kinder sind wirklich wundervoll. Manchmal verwechseln Leute Kinder mit einer Antwort auf etwas. Sie sehen sie als Möglichkeit, ihr Leben zu verändern.« Rust versteht, dass die Schwan-

---

[16] TD, S01F06, Minute 18.

gerschaften und die nachfolgende Trauer für die junge Frau eine Möglichkeit waren, die Aufmerksamkeit auf sich zu ziehen, oder besser »ihr Leben zu verändern«. Das Leben kann sich aber für Rust nie verändern, weil es ein Traum und eine Illusion, zudem eine böse Illusion, ist. Unter der Last ihrer Schuldgefühle und getröstet von der (inszenierten)[17] Nähe des »Beichtvaters« Rust bricht Charmaine schließlich zusammen und gesteht den Mord an ihrem neugeborenen Sohn. Die nächste Szene gehört zu den umstrittensten der ganzen Serie: Rust legt der geständigen Frau nahe, sich das Leben zu nehmen: »Die Zeitungen werden mit Ihnen hart ins Gericht gehen. Und im Gefängnis sind sie sehr hart zu Leuten, die sich an Kindern vergehen. Wenn Sie die Gelegenheit dazu haben, sollten Sie sich umbringen.«[18] Was auf den ersten Blick als eine entwaffnend zynische, nahezu bösartige Aussage anmutet, ist in Wirklichkeit dem paradoxen Humanismus und allgemein

---

17 Vgl. M. Foucault, *Mal faire, dire vrai. Fonction de l'aveu en justice, Cours de Louvain, 1981*, a.a.O., S. 210: »Das Geständnis gehört im Grunde zur Ordnung des Dramaturgischen oder der Dramaturgie.« [Übersetzung FR]

18 TD, S01F06, Minute 20.

den philosophischen Ansichten Rusts geschuldet. Für ihn sind die Menschen keine Individuen, sondern Bühnen, auf denen der Wille triebgesteuerte Dramen aufführt, die zumeist um zugefügtes und erlittenes Leid kreisen. Von einer derartigen Bühne abzutreten, sprich zu sterben, stellt weder eine Schandtat dar noch ist es an sich falsch, sondern kommt einem »befreienden Loslassen«[19] gleich. Der Tod ist für Rust die einzige Möglichkeit, die Welt als »Gosse« und »Dreschmaschine« hinter sich zu lassen. Wenn es nichts mehr gibt, wofür es sich zu leben lohnt (sei es auch nur die Befriedigung der eigenen Instinkte oder die durch eine »minimale Ethik« inspirierten Handlungen), dann besteht auch kein Grund mehr, sich an der Existenz festzuklammern und das Leben fortzusetzen: »Man kann einfach loslassen. Man muss sich an nichts mehr festklammern.«[20]

In diesem Zusammenhang erscheint Rust Cohle zugleich als vollkommene schopenhauersche Gestalt und als Verfechter der fortschrittlichsten Ansichten auf dem komplexen Gebiet der Suizidforschung. Schopenhauer selbst sprach sich bekanntlich gegen

---

19 TD, S01F03, Minute 53.

20 TD, S01F03, Minute 53.

den Suizid aus und begründete seine These mit einem einigermaßen überraschenden Argument: Die Geste des Selbstmörders sei als nicht radikal genug anzusehen und somit verurteilungswert. Der Selbstmörder nehme sich das Leben aus Unzufriedenheit gegenüber seiner eigenen Existenz und nicht aus Überdruss an der Existenz als solcher. Er würde dadurch auf paradoxe Weise den Willen (als Willen zum Leben, wenngleich er sich ein anderes Leben wünschte) bekräftigen. Darüber hinaus verneine der Selbstmörder das Individuum, aber nicht die menschliche Spezies:

> Der Selbstmord [...], weit davon entfernt, Verneinung des Willens zu sein, ist [...] ein Phänomen starker Bejahung des Willens. Denn die Verneinung hat ihr Wesen nicht darin, daß man die Leiden, sondern daß man die Genüsse des Lebens verabscheut. Der Selbstmörder will das Leben und ist bloß mit den Bedingungen unzufrieden, unter denen es ihm geworden. [...] Der Selbstmörder verneint bloß das Individuum, nicht die Spezies. Wir fanden schon oben, daß, weil dem Willen zum Leben das Leben immer gewiß und diesem das Leiden wesentlich ist, der Selbstmord, die willkürliche Zerstörung einer einzelnen Erscheinung, bei der das Ding an sich ungestört stehnbleibt, wie der Regenbogen feststeht,

> so schnell auch die Tropfen, welche auf Augenblicke seine Träger sind, wechseln, eine ganz vergebliche und törichte Handlung sei.[21]

Mit seiner Vorstellung einer »letzten Mitternacht«, in der die Menschheit durch Verweigerung der Fortpflanzung sich dem kollektiven Aussterben hingibt, und mit der gleichzeitigen Option des individuellen Selbstmordes kontert Rust Schopenhauers Kritik, indem er *sowohl* das Individuum *als auch* die Spezies verneint. Indem er zudem die moralische Verurteilung des Selbstmords überwindet, schlüpft er in die (paradoxe) Rolle des »Aufklärers«. In seiner jüngeren Studie über den Suizid schreibt der Philosoph und Kulturhistoriker Thomas Macho[22], eine der zukünftigen Aufgaben der Kulturwissenschaften auf dem Gebiet der Thanatologie und der Suicide Studies bestehe darin, den Suizid aus der »Pathologisierung« zu emanzipieren, deren Gegenstand er wurde, nachdem er sich im Laufe des modernen Säkularisierungs-

---

21 A. Schopenhauer, *Die Welt als Wille und Vorstellung*, Bd. 1, a.a.O., S. 541-542.

22 Vgl. T. Macho, *Das Leben nehmen. Suizid in der Moderne*, Berlin: Suhrkamp 2017, insbesondere S. 445-446.

prozesses von den alten religiösen, moralischen und gesellschaftlichen Verboten befreit hatte. Für Macho, so wie für Rust, darf das Ereignis des Suizids nicht auf die pathologische Dimension reduziert werden – gemäß der verbreiteten Annahme, die Entscheidung, das eigene Leben zu beenden, könne nur in einem Zustand irrationaler Verzweiflung getroffen oder von einer mehr oder weniger schwerwiegenden psychischen Beeinträchtigung ausgelöst werden. Der Suizid solle im Gegenteil in seiner Komplexität betrachtet werden. Diese beinhalte sowohl den Respekt für die Entscheidung anderer Menschen als auch die Würde, die der Selbstmörder:in eingeräumt werden soll. Macho erinnert uns daran, dass das Konzept des »Selbstmords« – mit Ausnahme der stark katholisch geprägten romanischen Sprachen – auch durch Wörter ausgedrückt werden kann, die keine Verurteilung, sondern eine Form von Respekt implizieren. Das Deutsche kennt etwa die Ausdrücke »Freitod« oder »sich das Leben nehmen«. Besonders bei Letzterem kommt die Idee zum Vorschein, der Suizid würde ein Höchstmaß an Subjektivierung und keinen Verlust darstellen: eine bedingungslose Aneignung, die das Leben von der Vorherrschaft durch andere/anderes befreit[23]. Oder auch den Akt, der den Riegel des »verschlossenen Raums« [*The Locked Room* ist der Titel der dritten Folge von *True Detective 1*] aufbricht, damit die Tür endlich aufgehen kann.

---

[23] Dieses Bild zeigt sich – allerdings mit umgekehrten Vorzeichen – auch in der italienischen Entsprechung des deutschen Ausdrucks. »Togliersi la vita« [wörtlich »das Leben von sich nehmen/entfernen«, A.d.Ü.] verleitet nämlich zu einer Auffassung des Suizids als einer Form der Entziehung und nicht der Aneignung.

Er, der die Zeit isst

Kurz bevor er von Marty erschossen wird, spricht Reggie Ledoux wenige, obskure und scheinbar verwirrte Sätze: »Es ist so weit, oder? Die schwarzen Sterne. Die schwarzen Sterne gehen auf. Ich weiß, was jetzt kommt. Du warst in meinem Traum. Du bist jetzt in Carcosa, gemeinsam mit mir. Er sieht dich. Du wirst das wieder tun. Die Zeit ist ein flacher Kreis. Die Sonne versinkt hinter dem See von Hali. Die Zwillingsmonde. Die schwarzen Sterne, sie kreisen am Himmel.«[1] Abgesehen von der Aussage über die Zeit, enthalten seine Worte auch weitere rätselhafte Bezüge: »Carcosa«, »die schwarzen Sterne», »der See von Hali«. Welche Bedeutung haben diese Anspielungen? Wo befinden sich diese geheimnisvollen Orte? Um Reggies Worte einordnen zu können, müssen wir die Schauererzählungen von Robert W. Chambers in die Hand nehmen, insbesondere eine

---

1 TD, S01F05, Minute 14.

Sammlung mit dem Titel *The King in Yellow*[2]. Der »König in Gelb« ist die Gestalt, von der die Akolythen der mörderischen Sekte, Ziel der Ermittlungen von Rust und Marty, besessen sind. Und er wird auch in Dora Langes Tagebüchern flüchtig erwähnt.

Chambers Kurzgeschichten kreisen um eine »leere Mitte«: das fiktionale Theaterstück »Der König in Gelb«, das, so heißt es im Buch, die Leser:innen zuerst in eine Art Besessenheit versetzen, dann in den Wahnsinn treiben und schließlich zu deren Tod unter tragischen und mysteriösen Umständen führen würde. Chambers' Kunstgriff, der sich als roter Faden durch die Erzählsammlung zieht, besteht darin, das Theaterstück immer nur zu evozieren oder höchstens fragmentarische Ausschnitte daraus zu zitieren. Der Text selbst als Produkt der Fantasie des amerikanischen Schriftstellers ist (selbstredend) in keiner Bibliothek zu finden. Unter den wenigen Passagen aus dem geheimnisumwitterten Buch »Der König in Gelb« sticht folgende besonders hervor:

---

2 Vgl. R.W. Chambers, *Der König in Gelb. Phantastische Erzählungen und Gedichte* [1895], aus dem Amerikanischen von A. Diesel, Leipzig: Festa 2014.

> Ich las es immer wieder von vorn, und ich weinte und lachte und bebte vor Grauen, das mich zuweilen noch heute heimsucht. Dies ist, was mich beunruhigt, denn ich kann Carcosa nicht vergessen, an dessen Himmel schwarze Sterne hängen; wo sich der Schatten menschlicher Gedanken des Nachmittags verlängert, wenn die Zwillingssonnen im See von Hali versinken; und in meinem Geist wird auf ewig die Erinnerung an die Bleiche Maske bleiben. Ich bete zu Gott, dass er den Autor verflucht, denn dieser Autor verfluchte die Welt mit seiner wunderschönen, gewaltigen Schöpfung, so schrecklich in ihrer Einfalt, so unwiderstehlich in ihrer Wahrheit – eine Welt, die nun vor dem König in Gelb erzittert.[3]

In diesen Zeilen finden sich alle Orte und Gestalten wieder, die Reggie fast wortgetreu heraufbeschworen

---

[3] Ebd., S. 12-13. Zu dieser Stelle aus Chambers' Erzählband und allgemein zum Verhältnis zwischen Chambers' Werk und *True Detective* vgl. E. Brock, »Nietzsche in Carcosa. Der Nihilismus und die ewige Wiederkehr des Bösen in *True Detective 1*«, in: M. Arenhövel/A. Besand/O. Sanders (Hgg.), *Wissenssümpfe. Die Fernsehserie* True Detective *aus sozial- und kulturwissenschaftlichen Blickwinkeln*, Wiesbaden: Springer 2017, S. 37-56, insbesondere S. 53-55.

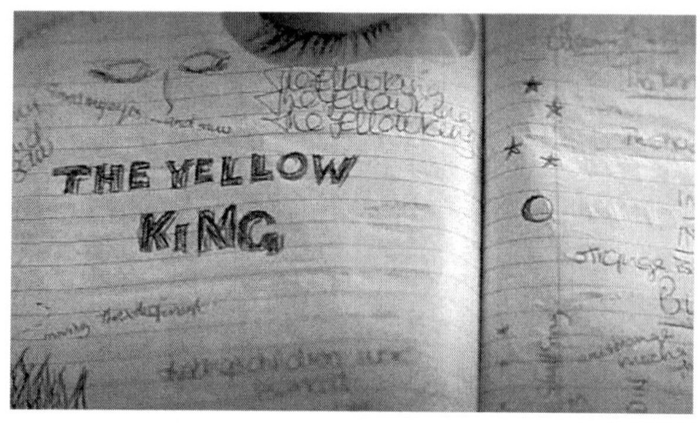

Abb. 20: Eine Seite von Dora Langes Tagebuch enthält Anspielungen auf den König in Gelb [TD, S01F02]

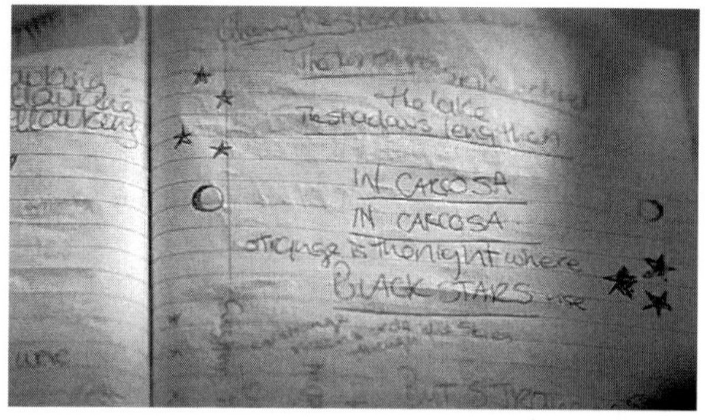

Abb. 21: Eine weitere Seite von Doras Tagebuch enthält Anspielungen auf Carcosa und die schwarzen Sterne [TD, S01F02]

hatte: Der »König in Gelb« und »Carcosa« stellen dabei die wichtigsten Bezugspunkte dar, die Hauptachsen, entlang derer sich alle irrsinnigen Aussagen der bzw. über die Anhänger der Sekte verorten. In der Serie bleibt die Frage nach der verborgenen Bedeutung dieser Namen bis zur letzten Folge offen: Ist der »König in Gelb« ein Mensch, ein Ungeheuer, ein Gott oder doch ein Buch? Ist Carcosa ein physischer, realer Ort oder eine metaphysische Entität? Was sind die »schwarzen Sterne«? Haben Reggie Ledoux und sein Cousin Dewall, Errol Childress und die anderen Mörder das Buch gelesen, das wahnsinnig macht?

Rust stellt sich diese Fragen zum ersten Mal nach dem erzwungenen Geständnis von Guy Leonard Francis. Dieser hatte den König in Gelb erwähnt, um einen Deal mit der Polizei einzugehen, von dem er sich eine Strafmilderung erhoffte. Francis' Aussage offenbart den zwei Detektiven, dass die rituellen Morde auch nach dem Tod der Ledoux' fortgesetzt worden waren. Kurz darauf wird Rust den Dienst quittieren. Damit beginnt für ihn eine Zeit der selbstzerstörerischen Einsamkeit und des steten Alkohol- und Drogenmissbrauchs, die ihn sichtbar altern lässt. Diese Jahre, die dem Jahrzehnt zwischen dem zweiten und dem dritten Erzählblock entsprechen, sind aber zugleich eine Zeit intensiver, eigenmächtiger Nachforschungen: Rust ist überzeugt, dass weitere Morde derselben Serie vor aller Augen geschehen, aber nicht als solche erkannt werden. Seine Gewissheit stützt sich auf eine Verbindung, die ihm 1995 entgangen war und die erst Jahre später, nach einem erneuten Gespräch mit dem Reverend Theriot, sich aufdrängen wird. Dieser hat inzwischen das Pfarramt verlassen und fristet ein trostloses Dasein. Der einsame, verbitterte und alkoholsüchtige Theriot erzählt Rust von »Wellsprings«[4], einem vom Reverend Tuttle gestifteten Programm zur Finanzierung christlicher Bildungseinrichtungen mit dem Ziel, »eine Alternative zur säkularen, globalisierten Bildung der öffentlichen Schulen zu bieten.«[5] Erst jetzt gelingt es Rust, einige entscheidende, bis dahin getrennte Ermittlungsstränge zusammenzuführen. Vieles wird klar: Der Reverend Tuttle, der eine eigene Sondereinheit für sogenannte »antichristliche Verbrechen« aufstellen wollte, um über den Tod von Dora Lange zu ermitteln, war selbst in die Mordserie verwickelt; das ländliche Schulnetz diente in Wirklichkeit als

---

4 TD, S01F06, Minute 11.

5 TD, S01F06, Minute 39.

Einzugsgebiet für die Rekrutierung der Opfer ritueller Morde. Auf bösartig ironische, perverse und teuflische Weise verbarg sich hinter der christlichen Fassade eine andere Religion: der Kult des »Königs in Gelb«. Die Vorstellung einer archaischen und furchteinflößenden Religion, die unter der sichtbaren Oberfläche unserer Realität »überleben« konnte, rückt Pizzolattos Erzählung – über Chambers' Vermittlung – einmal mehr in die Nähe von H.P. Lovecraft, der mit Chambers freundschaftlich verbunden war. Lovecraft, der Schriftsteller aus Providence, hatte als Erster eine klare Hierarchie zwischen »unseren« und den »anderen« Göttern hergestellt: Die irdischen Götter seien reine Fantasiegestalten, klägliche und kraftlose Erfindungen, mit denen die Menschen ihren entbehrlichen und bedeutungslosen Existenzen einen Sinn zu verleihen versuchen, während jenseits ihrer beschränkten Zeit- und Raumauffassung »andere«, monströse und undenkbare Götter beheimatet seien:

> »Der Mond ist dunkel, und die Götter tanzen in der Nacht; Entsetzen ist im Himmel, denn auf den Mond hat sich eine Finsternis gesenkt, die sich in keinen Büchern der Menschen oder der Erdgötter

> vorhergesagt findet ... Unbekannte Magie herrscht auf Hatheg-Kla, denn die Schreie der verängstigten Götter haben sich in Gelächter verwandelt, und die Eishänge schießen endlos hinauf in die schwarzen Himmel, in die ich stürze ... [...] Die Anderen Götter! Die Anderen Götter! Die Götter der Äußeren Höllen, die die schwachen Götter der Erde bewachen! ... Schau weg ... Geh zurück ... Sieh nicht hin! Sieh nicht hin! Die Vergeltung der unendlichen Abgründe ... Diese verfluchte, diese verdammte Grube ... Barmherzige Götter der Erde, ich falle in den Himmel!«[6]

Die »anderen Götter« sind Gegenstand von unsagbaren, entarteten Kulthandlungen, ähnlich jenen, die von Childress, Ledoux und den weiteren Mitgliedern der Sekte praktiziert werden.

Die »anderen Götter« sind die einzig wahren, die ältesten und mächtigsten Götter: Das Wandgemälde der Hirsch-Frau, das den ersten Besuch der Detektive beim Reverend Theriot veranlasst hatte, wurde nicht zufällig in einer niedergebrannten Kirche entdeckt – ein Hinweis auf die tellurische, zerstö-

---

[6] H.P. Lovecraft, »Die anderen Götter«, in: Ders., *In der Gruft*, a.a.O., S. 86-91, hier S. 89-90.

rerische Kraft des brutalen, archaischen Kultes des »Königs in Gelb«, aber auch darauf, dass dieser Kult den christlichen »Anstrich«, die dünne »Decke«, in die er sich hüllt, jederzeit abstreifen kann.

Die tragische Figur des Reverend Theriot verkörpert die Niederlage des christlichen Gottes gegen den König in Gelb. Nachdem er während eines Putzdienstes in der Bibliothek eines ranghohen Priesters pädophiles Bildmaterial entdeckt und dem Sittenbeauftragten davon berichtet hatte, war der wortgewaltige Prediger, den Rust und Marty 1995 kennengelernt hatten, von der Kirche ausgeschlossen und in Misskredit gebracht worden. Seine Gebetsgemeinschaft war wörtlich weggefegt, die Zelte durch eine Reihe von Bränden und Randalen zerstört worden.[7] Jahre nach diesen Ereignissen, die ihn als Menschen und Gläubigen zerbrochen haben, sagt der entmutigte Theriot: »Mein ganzes Leben lang wollte ich Gott nahestehen. Aber die einzige Nähe fand ich in der Stille.«[8] Eine ehemalige Haushälterin der Tuttles spricht wiederum von einem »Wind aus unsichtba-

---

7 Vgl. TD, S01F06, Minute 11.

8 TD, S01F06, Minute 11.

ren Stimmen«[9], hörbar für diejenigen, die Carcosa »kennen«: Der König in Gelb spricht mit vielen Stimmen, gegebenenfalls auch mit jener des christlichen Gottes, wohingegen dieser nur beobachtet und dem Grauen und der Ungerechtigkeit dieser Welt stumm zusieht.

Nach diesen Enthüllungen bricht Rust in eine Liegenschaft des Reverend Tuttle ein, sprengt einen Safe und durchsucht dessen Inhalt. Darin versteckt sich der endgültige Beweis für das Grauen, das fehlende Glied in der Kette, das es dem texanischen Detektiv erlaubt, die Rekonstruktion der Mordserie zu vollenden. Es handelt sich um eine Videokassette mit dem Snuff-Movie von Marie Fontenots Tötung. Das schreckliche Beweisstück wird Marty und Rust wieder zusammenbringen, viele Jahre nachdem ihre Freundschaft aus privaten Gründen zerbrochen war. Die Sichtung des Videos räumt Martys letzte Zweifel aus. Auch er ist nun entschlossen, die Verantwortlichen zur Rechenschaft zu ziehen, denn Verbrechen dieser Art dürfen unter keinen Umständen unbestraft bleiben.[10] Fukunaga und Pizzolatto gestalten die

---

9 TD, S01F07, Minute 35.

10 Vgl. TD, S01F07, Minuten 14-22.

Narration der siebten Folge von *True Detective* nach dem Vorbild von Chambers' *Der König in Gelb*, indem sie das Grauen um eine leere, gegenstandslose und doch allgegenwärtige Mitte kreisen lassen. Die Rolle des Theaterstücks in Chambers' Buch wird nun von dem Snuff-Movie übernommen. Es werden nur wenige Einstellungen gezeigt, doch mehr brauchen die Zuschauer:innen nicht, um zu wissen, was sich im Video zuträgt. Marty selbst bricht den Film nach wenigen Minuten mit einem Schrei des Entsetzens ab (eine auch für Lovecrafts Figuren typische Geste, wenn sie mit dem Unerträglichen konfrontiert werden). Kurz nach Rusts Einbruch und dem Diebstahl der Videokassette stirbt der Reverend Billy Lee Tuttle, angeblich nach Einnahme »unabsichtlich« überdosierter Medikamente. Pizzolatto lässt die Frage nach der tatsächlichen Todesursache bis zuletzt offen: Die Detektive Gilbough und Papania behaupten, Tuttle sei von Rust getötet worden.[11] Rust selbst bestreitet dies im Gespräch mit Marty und stellt seinerseits die Hypothese auf, Tuttle sei von seinen Mittätern zum Selbstmord gedrängt worden, aus

11 Vgl. TD, S01F06, Minute 28.

Angst, er könnte erpresst oder in einen Skandal verwickelt werden.[12] Rusts Aussage zum Trotz bleibt Tuttles Tod ein rätselhaftes Ereignis. Nietzsches Maxime (»Wer mit Ungeheuern kämpft, mag zusehn, daß er nicht dabei zum Ungeheuer wird. Und wenn du lange in einen Abgrund blickst, blickt der Abgrund auch in dich hinein.«)[13] gilt auch für ihn: Spätestens nach der Entdeckung des Snuff-Films ist Rust nicht mehr derselbe. Vom König in Gelb und Carcosa besessen, einsam und verwahrlost, alkoholkrank: Aus diesem Blickwinkel erscheint es fast plausibel, ihm den Mord an Tuttle anzulasten. Es wäre schließlich ein Akt der Gerechtigkeit gewesen, den ihm wohl niemand vorwerfen würde.

Die Spur, die Rust zuerst zu Billy Lee Tuttle leitet und ihn später zu seinem alten Ermittlungspartner Marty zurückführt, mit dem er die ungeklärten Fälle aus 1995 abschließen wird, ist endlich die richtige. Nachdem er die kosmologischen Erklärungen und die szientistisch angehauchten Hypothesen hinter sich gelassen hat, um der »anthropologischen«

---

[12] TD, S01F07, Minute 22.

[13] F. Nietzsche, *Jenseits von Gut und Böse*, in: Ders., *Kritische Studienausgabe*, Bd. 5, a.a.O., S. 9-243, hier S. 98.

Spur zu folgen, die der Gerichtmediziner bereits in der ersten Folge angeraten hatte, untersucht Rust die Gewänder der Männer aus den Videoaufnahmen und begreift, dass die rituellen Morde in »wilden Saturnalien» wurzelten, in Kulten, »bei denen sich Santería und Voodoo vermischen«[14]. Dabei handelt es sich um eine entartete Version der Karnevalzüge des Mardi Gras.[15] Von solchen Bräuchen zeugte bereits das Foto der jungen Dora Lange mit den fünf berittenen Männern, das im Haus ihrer Mutter hing.

Eine in den fragmentarischen Zeugenaussagen wiederkehrende Figur, die Rust und Marty in der ersten Ermittlungsphase allzu oft unterschätzt hatten und erst in ihren späten gemeinsamen Nachforschun-

---

14 TD, S01F07, Minute 12. Was die römischen Saturnalien anbelangt, dürfte der Bezug nicht so sehr der Ikonographie des Festtages als vielmehr der Mythologie gelten, in der die Figur des Saturn mit dem kannibalischen Verschlingen der eigenen Kinder verbunden ist.

15 Vgl. C.E. Ware, »›I Read the Rules Backward‹: Women, Symbolic Inversion, and the Cajun Mardi Gras Run«, in: *Folklife in Louisiana. Louisiana's Living Traditions* (aus diesem Band stammt auch die Abbildung im Text), abrufbar unter: http://www.louisianafolklife.org/LT/Articles_Essays/cjn_wom_mg.html.

gen in den Blick nehmen, ist diejenige eines Mannes »mit vernarbtem Kinn«.

Dieser Mann, wie wir erfahren werden, ist Errol Childress, ein Enkelsohn von Sam Tuttle, dem Vater vom Reverend Billy Lee Tuttle und Onkel des mächtigen und ebenfalls in die rituellen Morde verwickelten Gouverneurs von Louisiana Edward »Eddie« Tuttle (möglicherweise der fünfte Mann im Snuff-Film). Die betagte ehemalige Haushälterin und Schlüsselzeugin Dolores erzählt, Errols Gesicht sei von seinem Vater entstellt worden, als dieser den kleinen Jungen ins offene Feuer schubste. Sam Tuttle wird als eine Art freudscher Urvater präsentiert, mit vielen unehelichen Kindern, die er von ebenso vielen Frauen bekommen haben soll.[16] Seine zahlreichen Nachkommen bilden inzwischen eine Horde geisteskranker Persönlichkeiten, deren Zerstörungswut sich jedoch nicht im freudschen Sinne gegen den Vater[17], sondern gegen die Kinder, gegen alle Kinder richtet –

---

16 TD, S01F07, Minute 34.

17 Diese Interpretation scheint berechtigt, obwohl das genealogische Verbrechen schlechthin – der Vatermord – Errol Childress nicht fremd ist, wie wir sehen werden (vgl. TD, S01F08, Minute 2).

gegen die Kinder als solche, die Errol Childress als »Menschensöhne und Menschentöchter«[18] bezeichnen wird.

Von Rust und Marty befragt, wird die alte und erschöpfte »Aunt« Dolores mit ihren entscheidenden Hinweisen dazu beitragen, das entsetzliche Bild des Königs in Gelb zu vervollständigen: »Kennen Sie Carcosa? Er, der die Zeit isst. Seine Gewänder sind ein Wind aus unsichtbaren Stimmen. Frohlockt, denn der Tod ist nicht das Ende. Frohlockt! Der Tod ist nicht das Ende. Sie kennen Carcosa!«[19]

»Er, der die Zeit isst« kann nur ein anderer Name oder ein Ehrentitel für den König in Gelb sein, ein Zeichen seiner Zugehörigkeit zur Mythologie der Spiralsymbole und der Zeit als »flachen Kreises«, die im Mittelpunkt von Reggie Ledoux' irrsinnigen Aussagen stand. Rusts Unbehagen angesichts der Vorstellung einer kreisförmigen Zeit spitzt sich zu, denn es zeichnet sich immer deutlicher ab, dass die Anhänger der Sekte ihre Mordopfer dem König in Gelb (»Er, der die Zeit isst«) darbieten. Sie tun dies in der Überzeugung, sie könnten dadurch die irdische Zeit

---

18 Vgl. TD, S01F08, Minute 32.

19 TD, S01F07, Minute 35.

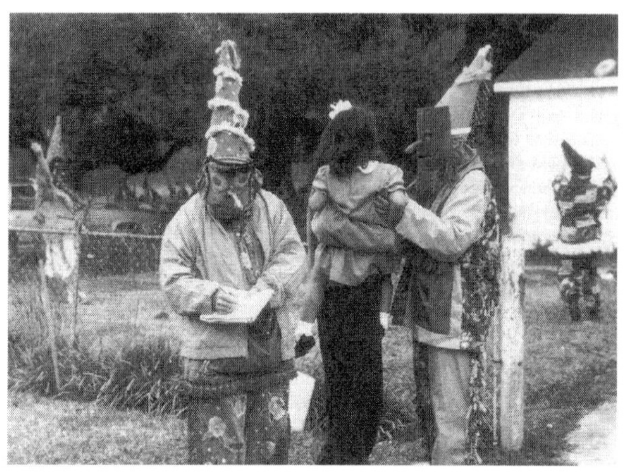

Abb. 22: Feierlichkeiten anlässlich des Mardi Gras in Louisiana

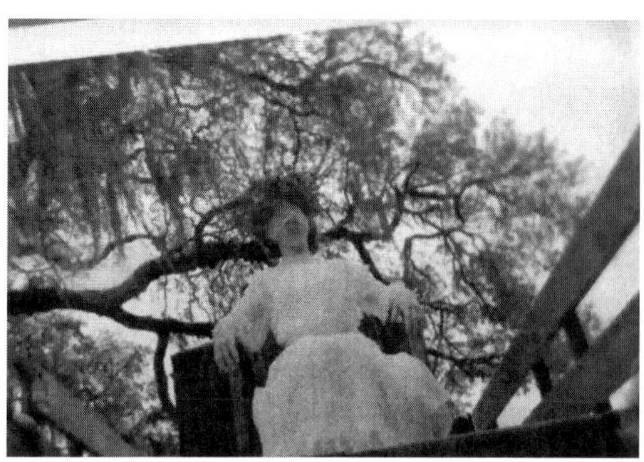

Abb. 23: Das Bild einer rituellen Opferung seitens Childress und seiner Akolythen [TD, S01F07]

transzendieren, um eine Dimension zu erreichen, in der die Zeit verzehrt, ja »verschlungen« worden ist und somit nicht mehr existiert.

Nach der Befragung von Dolores äußert der texanische Detektiv seine Befürchtungen zu Marty: »Ich hoffe, dass sich Dolores geirrt hat.« »Womit?«, fragt der Freund zurück. »Damit, dass der Tod nicht das Ende ist«, antwortet Rust.[20]

Wenn die mörderischen Praktiken von Childress und seinen Akolythen tatsächlich eine Befreiung von der Zeit bewirken können, wenn der Tod also keine Erlösung ist, dann ist die Aufgabe, die Sekte des Königs in Gelb zu zerschlagen, für Rust zur unbedingten Pflicht geworden.

---

20 TD, S01F07, Minute 35.

Der Tod ist nicht das Ende

Die ersten vier Minuten der letzten Folge, die den Titel *Form und Leere* [*Form and Void*] trägt, stellen eine in sich abgeschlossene antigenealogische Abhandlung in Bildern dar, in der – auf explizite, wenn auch kodierte Weise – das Psychogramm und das intellektuelle Porträt von Errol Childress und der gesamten Sekte vervollständigt werden. Zuerst wird eine Hütte gezeigt, die zu Childress' weitläufigem Versteck gehört. An den Wänden prangen unzählige, beunruhigende Aufschriften: Es sind Lobpreisungen des Königs in Gelb, offenbar das Werk eines verstörten Geistes.

In diesem kleinen Bau hält Errol seinen Vater, William »Billy« Lee Childress, unter unmenschlichen Bedingungen gefangen. Der alte Mann ist an ein verdrecktes Bettgestell gefesselt, seine Lippen sind zugenäht.

Childress, in dessen Namen das englische Wort *childless* [kinderlos] anklingt, ist als Folterer seines eigenen Vaters sowie als Kinder- und Frauenmörder

der Inbegriff des genealogischen Ungeheuers. Er ist derjenige, der keine Herkunft und keine Zukunft hat, er ist das, was der Philosoph Peter Sloterdijk als das »schreckliche Kind«[1] der Neuzeit bezeichnet hat: das ungeheuerliche zeitgenössische Ergebnis der Revolte der Neuzeit gegen die Vorstellung einer Kontinuität der Generationen, in der Söhne und Töchter ihren Vätern gleichen und in der eine solidarische Beziehung zwischen Vorfahren und Nachkommen, Eltern und Kindern besteht. Childress hat seine Menschlichkeit verloren, weil er durch seine Handlungen die Verbindung zwischen den Generationen unterbrochen hat. Childress, der Mörder von Vätern, Müttern und Kindern und der inzestuöse Liebhaber seiner geistig behinderten Halbschwester[2], hat sich von all den sozialen Bindungen losgesagt, die den Menschen als solchen definieren. Seine Loslösung von der genealogischen, der verwandtschaftlichen und der sozialen Bindung (jeweils durch Vatermord, Inzest und Kindermord) bewirkt, dass er in sich jene Extreme vereint, die in der antiken Philoso-

---

1 Vgl. P. Sloterdijk, *Die schrecklichen Kinder der Neuzeit*, Berlin: Suhrkamp 2015.

2 Vgl. TD, S01F08, Minuten 3 und 20.

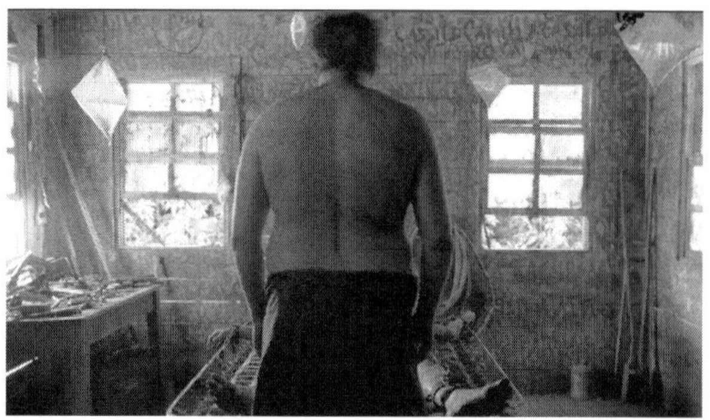

Abb. 24: Errol Childress vor seinem gefesselten Vater; im Hintergrund, die Wand mit Lobpreisungen des Königs in Gelb [TD, S01F08]

phie als die Grenzwerte des Menschlichen galten: das Tier und die Gottheit.[3]

Es wird nun klar, dass Kern der schrecklichen Religion des Königs in Gelb die Zerstörung der »menschlichen Ebene« ist, einer Ebene, die in der Kontinuität und Solidarität zwischen den Generationen – mit einem Wort: in der Zeit – gründet. Die

---

3 Aristoteles, *Politik*, herausgegeben von O. Gigon, München: dtv 1984, 1253a, 29-30, S. 50: »Wer aber nicht in Gemeinschaft leben kann oder in seiner Autarkie ihrer nicht bedarf, der ist kein Teil des Staates, sondern ein wildes Tier oder Gott.«

menschliche Zeit ist von Geburt, Fortpflanzung und Tod geprägt, sie durchläuft seit jeher dieselben Zyklen, von Generation zu Generation. Indem er Väter und Kinder auf dem Altar des Königs in Gelb (»er, der die Zeit isst«) opfert, zerstört Childress die Zeit selbst. So erklären sich auch die Worte, die er zu seiner Schwester spricht: »Mein Aufstieg enthebt mich der Scheibe und der Schleife. Ich bin der Endstufe nah. An manchen Morgen sehe ich die infernalische Ebene.«[4] Die »infernalische Ebene«, von der Childress spricht, ist die von Ledoux beschworene Ebene der Zeit als flachen Kreises. Es ist eine Welt, welche die Zeit (d.h. die »menschliche« Ebene aus all den Vätern, Müttern und Kindern, die die Geschichte vorantreiben) transzendiert, um die zeit- und geschichtslose Dimension der Tiere und der Götter zu erschließen. Childress' Handlungen zielen auf die Erlösung von der ewigen Wiederkehr (»die Scheibe und die Schleife«) der geschichtlichen Generationen.

In diesen Kontext gehören sowohl die menschlich-tierischen Figuren, die von Rust im Laufe seiner Nachforschungen in einer verlassenen Schule ent-

4 Vgl. TD, S01F08, Minute 4.

deckt werden (es war eine der Schulen, aus denen die Sekte ihre Opfer rekrutierte, siehe Abb. 25), als auch jene, die jetzt an den Außenwänden einiger Bauten auf dem Grundstück der Childress' gezeigt werden (Abb. 26).

Rust und Marty ist es endlich gelungen, Childress zu identifizieren und seinen Aufenthaltsort zu ermitteln.[5] Beide Männer haben sich auf den entscheidenden Kampf vorbereitet. Rust hat einige Briefe mit Unterlagen aus seinen jahrelangen Nachforschungen einem Freund übergeben und diesen damit beauftragt, die Dokumente an verschiedene Zeitungen und Fernsehsender zu schicken, sollte er nicht zurückkommen.[6] Marty trifft nach vielen Jahren

---

5 Es entbehrt nicht einer gewissen Ironie, dass die zwei Detektive – am Ende langjähriger Ermittlungen – das Versteck von Childress nur dank einer Steuererklärung von dessen Vater und der darin notierten Wohnadresse entdecken. Wie auch der weit bekanntere Fall von Al Capone zeigt, scheint sich in der amerikanischen kollektiven Vorstellung die Annahme festgesetzt zu haben, jeder könne Verbrechen aller Art mehr oder weniger ungestraft verüben, sofern er die List und die Bosheit dazu besitzt, niemand könne aber dem Joch der öffentlichen Steuerbehörde entkommen.

6 TD, S01F08, Minute 21.

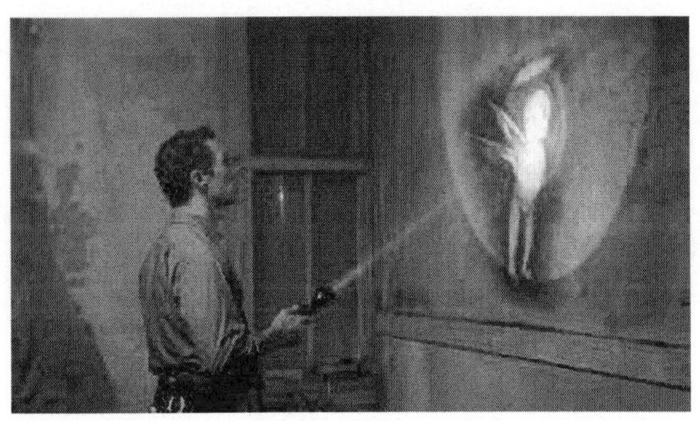

Abb. 25: Eine der »Engelsfiguren«, die Rust im Laufe seiner Ermittlungen entdeckt [TD, S01F05]

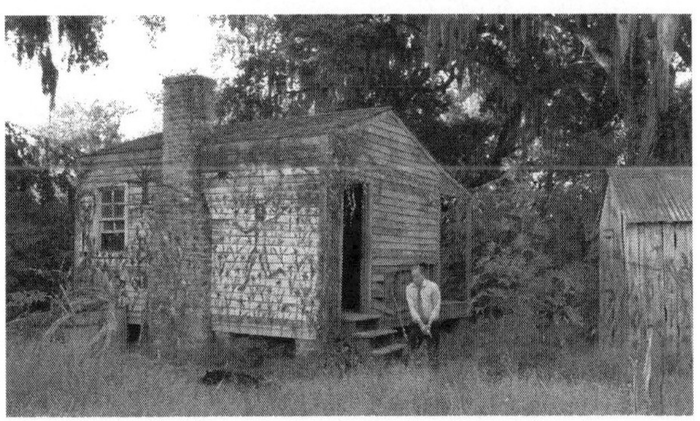

Abb. 26: Das Bild eines Mann-Hirsches an der Wand der Hütte, in der Billy Lee Childress gefangen gehalten wird [TD, S01F08]

Maggie, von der er inzwischen geschieden ist, und nimmt still von ihr Abschied, wohl wissend, er könnte bald den Ungeheuern von Carcosa erliegen. Auf dem Grundstück der Childress' angekommen, verspürt Rust wieder den Geschmack nach »Aluminium und Asche«, den er zum ersten Mal am Tatort von Dora Langes Mord[7] wahrgenommen hatte. Damit schließt sich der ideale Kreis, der in der ersten Folge begonnen hatte – ein weiterer Hinweis auf die zentrale Rolle, die der zirkulären Zeitauffassung in Pizzolattos Erzählung zukommt.

Ab diesem Zeitpunkt teilt sich die letzte Episode in zwei Handlungsbögen auf: Der erste ist der Verfolgung von Childress durch die Detektive gewidmet, während der zweite die Ereignisse nach dem Kampf mit dem Serienmörder behandelt.

Childress lockt zuerst Rust und dann auch Marty in ein archaisches, steinernes Labyrinth. Überall tauchen aufgehängte Kinderschuhe und große Fetische (die »Vogelfallen« oder »Teufelsnetze« aus Zweigen, mit denen die Anhänger der Sekte auf ihre Taten aufmerksam machen), Menschenreste, Nebel,

---

7 Vgl. TD, S01F08, Minute 23.

Wurzeln und Leichen auf: Wir befinden uns im Inneren eines überdimensionalen Fetisches, eines Käfigs, aus dem es keinen Ausweg gibt. Einmal mehr kehrt die gnostische Überzeugung zurück, die sich wie eine Art Subtext durch die ganze Serie zieht: Die Natur ist an sich fremd, bösartig, im sartreschen Sinne ekelhaft. In einer Szene zwischen Traum und Wirklichkeit hört Rust Childress' Stimme. Sie leitet ihn flüsternd durch das Labyrinth: »Nach rechts, kleiner Priester. Nimm den Weg der Braut. Das ist Carcosa. Weißt du, was sie mir angetan haben? Was ich allen Menschensöhnen und Menschentöchtern antun werde. Du hast Reggie gesegnet. Und Dewall. Akolythen. Zeugen meiner Reise. Geliebte. Ich schäme mich nicht. Komm, und stirb mit mir, kleiner Priester.«[8]

Das ist die längste vom widerlichen Errol Childress gesprochene Passage in der ganzen Serie. Seine Worte, wie bereits jene von Reggie Ledoux, muten äußerst obskur an.

Ihnen lassen sich jedoch einige sichere Informationen entnehmen, die sehr wichtige Anhaltspunkte für das Verständnis des Geschehens liefern: erstens

---

[8] Vgl. TD, S01F08, Minuten 31-33.

die Tatsache, dass Errol als Kind missbraucht wurde und als Erwachsener die Spirale der Gewalt wiederholt, die er selbst erleiden musste (in beiden Fällen ist die Gewalt »geschichtlich« geprägt, denn sie verweist auf die menschliche Zeit, die Zeit der Familie und der zwischenmenschlichen Beziehungen). Dies erklärt, ohne es freilich zu rechtfertigen, sowohl Errols Streben, aus der Zeit auszubrechen, als auch seine antigenealogische Wut. Zweitens scheint es klar, dass Errol seinen Tod kommen sieht: Er spricht von einer »Reise« und davon, dass Rust zusammen mit ihm sterben soll (dieses Vermögen, die Ereignisse vorauszusehen, ist offenbar ein Merkmal der Anhänger des Königs in Gelb, derjenigen also, welche die Zeit – zumindest teilweise – aus einer Perspektive außerhalb der Zeit »sehen« können). Childress' letzte, entscheidende Worte werden in Fukunagas Aufnahmen von gekonnt inszenierten Bildern eingerahmt. Schließlich offenbart der Serienmörder: »Das ist Carcosa.« Wenige Augenblicke später stößt Rust auf einen riesigen Fetisch aus geflochtenen Zweigen, menschlichen Totenschädeln und gelben Tüchern. Ihm gegenüber befindet sich ein Altar, der sowohl der König in Gelb selbst als auch dessen materielles Idol sein könnte.[9]

Nun überkommt Rust eine der Halluzinationen, die ihn begleiten, seit der Drogenmissbrauch in der Zeit als Undercover-Agent zu einer Schädigung seiner Synapsen geführt hat.

Vor Rusts Augen öffnet sich ein schwarzer spiralförmiger Strudel im Mittelpunkt des Universums, der sich um seine Achse dreht und alles zu verschlingen scheint, was in seinen Bann gerät, Sterne und Licht eingeschlossen.

Was ist Carcosa? Einige Interpreten, die Childress' Aussage (»Das ist Carcosa«) offenbar wörtlich verstehen, haben etwas enttäuscht angemerkt, die Erzählung habe durch das Zusammenfallen Carcosas mit einem realen Ort die Aura des Geheimnisvollen und des übernatürlichen Grauens verloren, die sie bis dahin umgeben hatte.[10] Ich persönlich glaube, dass Pizzolattos und Fukunagas besonderes Geschick

---

9 Vgl. TD, S01F08, Minute 35.

10 Vgl. C. Mountenay, »Grounding Carcosa. Cosmic Horror and Philosophical Pessimism in *True Detective*«, in: J. Graham/T. Sparrow (ed.), *True Detective and Philosophy*, a.a.O., S. 11-21.

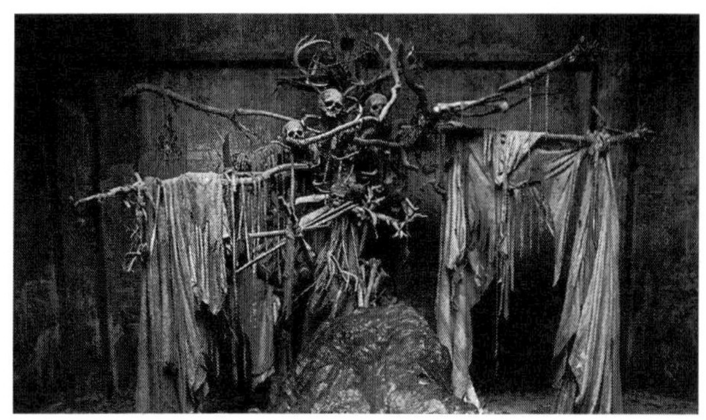

Abb. 27: Der Gott-Fetisch des Königs in Gelb [TD, S01F08]

darin besteht, den Zuschauer:innen die Entscheidung zu überlassen: Carcosa ist sowohl das Labyrinth aus Steinen, Baumwurzeln und Knochen, in dem sich Rust, Marty und der Minotaurus Childress bewegen, als auch der Raum kosmischen Grauens, der sich in und über ihm auftut. Der König in Gelb ist gleichermaßen sowohl der Fetisch, den Rust vor sich sieht, als auch der Gott, der die Zeit verschlingt und die menschlichen Genealogien zerstört, und dem die Anhänger der Sekte unzählige Menschenleben geopfert haben. Auf die Halluzination folgt der letzte Kampf mit Childress, der Rust ein Messer in den Bauch rammt. Der Detektiv hätte den äußerst kräftigen und überraschend schnellen Childress nicht bezwingen können, wäre Marty nicht dazu gestoßen. In der folgenden Szene sind beide Detektive kurz davor, dem Riesen zu unterliegen. Schließlich gelingt es dem in einer Blutlache liegenden, aber noch geistesgegenwärtigen Rust, Errol in letzter Sekunde mit einem Kopfschuss zu töten.

Der Fall ist gelöst: Die Detektive Papania und Gilbough, die Marty zuvor gerufen hatte, eilen mit Verstärkung und Rettungskräften zum Tatort. Hier werden Beweise gefunden, die Childress belasten und seinen Mord an Dora Lange und an der Frau von Lake Charles unumstößlich belegen. Der Fall ist gelöst, oder besser: Er ist so weit geklärt, wie dies »in dieser Welt« möglich ist, in der realen Welt, in der »nichts gelöst wird«.[11] Diese pessimistische Ansicht findet sich auch in Rusts ersten Aussagen nach dem langen Koma, in das er aufgrund der schweren Verletzungen gefallen war: Er bedauert, dass die Männer aus den Videoaufnahmen (oder zumindest einige davon) nicht gefasst werden konnten; zudem sei es

---

[11] TD, S01F05, Minute 19.

Marty und ihm nicht gelungen, den mächtigen Gouverneur Tuttle zur Rechenschaft zu ziehen.[12]

Die letzten zehn Minuten der Serie sind – auf der gesprochenen und auf der bildlichen Ebene – sowohl die Erzählung einer Wiederauferstehung als auch die Umkehrung des antigenealogischen Fadens, der sich bis dahin durch alle Episoden gezogen hatte. Marty, der im Vergleich zu Rust leichtere Verletzungen erlitten hat, wird im Krankenhaus von seiner Ex-Frau und den zwei Töchtern besucht. Er kann – wenn auch nur für eine kurze Zeit – das ideale Familienbild wieder aufleben lassen, das er in seinem Inneren schon immer pflegte. Erst in diesem Augenblick, in dem – allem Leid und beidseitigen Verfehlungen zum Trotz – die Verbindung zwischen Generationen wiederhergestellt wird, darf der »Macho« Marty in Tränen ausbrechen.[13]

Kurz nach der Szene von Rusts Erwachen/Wiederauferstehung wird wieder der Baum gezeigt, unter dem der Körper von Dora Lange gefunden wurde. Hier hatte die Geschichte ihren Anfang genommen.

---

[12] Vgl. TD, S01F08, Minute 42.

[13] Vgl. TD, S01F08, Minute 40.

Die Einstellungen und die Belichtung gleichen jenen aus der ersten Folge. Die Serie könnte hier enden.

Doch ziehen es Fukunaga und Pizzolatto vor, die Staffel mit einem letzten starken, existenziell-metaphysisch angehauchten Dialog zwischen den zwei Detektiven abzuschließen. Das Gespräch nimmt jene »Metaphysik des Lichts« wieder auf, die die Narration seit der ersten Folge begleitet. Rust erzählt Marty von seinen Erlebnissen im tiefen Koma:

> Da war dieser Moment. Da lag ich bewusstlos in der Dunkelheit. Auf was auch immer ich reduziert war, es war nicht einmal Bewusstsein, es war eine vage Selbsterkenntnis in der Dunkelheit. Und ich konnte spüren, wie sich meine Konturen auflösten. Darunter lag noch eine andere Art von Dunkelheit. Sie war tiefer. Sie war warm, wie eine Substanz. Ich konnte sie spüren. Ich war mir sicher ... Ich war mir sicher, dass meine Tochter auf mich wartete. Ganz deutlich. Ich konnte sie spüren. Ich konnte spüren ... Von meinem Vater war auch etwas dort. Ich war ein Teil von allem, was ich je geliebt habe. Und wir waren alle ... Wir drei lösten uns gemeinsam auf. Ich musste einfach nur loslassen. Das habe ich getan. Ich sagte: »Hallo, Dunkelheit.« Dann verschwand ich. Aber ich konnte immer noch ihre

> Liebe spüren. Sogar noch stärker als vorher. Nichts. Nichts außer dieser Liebe. Dann bin ich aufgewacht.[14]

Während er die letzten Worte ausspricht, bricht auch Rust in Tränen aus. Der texanische Detektiv wirkt niedergeschlagen. Am meisten betrübt ihn, dass er von der »tieferen«, beruhigenden und gütigen Dunkelheit weggerissen wurde. Rust bedauert es, nicht gestorben zu sein, denn in seiner Nahtod-Erfahrung hat er gespürt, dass »Aunt« Dolores, die alte afroamerikanische Haushälterin der Tuttles, wahre Worte gesprochen hatte: »Der Tod ist nicht das Ende«. Die Tatsache, der Tod sei nicht das Ende, bedeutet allerdings nicht, dass die einzigen Alternativen Carcosa, die furchtbare kosmische Spirale oder der König in Gelb seien. Es gibt auch ein gütiges Jenseits, das Wärme und Liebe spendet, selbst wenn es keine klaren Konturen aufweist: Die »Form« – selbst dann, wenn sie schwach umrissen und fast unkenntlich ist – soll also der »Leere« Carcosas entgegengestellt werden. *Form and Void* ist nicht zufällig auch der Titel der letzten Folge. Rusts abschließende Worte

---

14 TD, S01F08, Minute 46.

sollen vor dem Hintergrund ebendieser Transzendenzerfahrung gelesen werden.

Marty, der den tränenüberströmten Freund trösten möchte, bittet Rust, ihm eine Geschichte über die Sterne zu erzählen. Rust antwortet: »Es gibt nur eine Geschichte. Es ist die älteste. Licht gegen Dunkelheit«, worauf Marty erwidert: »Mir scheint, die Dunkelheit nimmt viel mehr Raum ein.« Nach kurzem Nachdenken widerspricht ihm Rust: »Du siehst das falsch. Das mit dem Nachthimmel. Früher gab es nur Dunkelheit. Wenn du mich fragst, das Licht ist dabei zu gewinnen.«[15] Es wurde viel über Rusts letzte Worte geschrieben. Unter den verschiedenen Lesarten überwiegt jene, die darin ein Zugeständnis der Autoren an ein tröstliches Ende nach den negativistischen Exzessen der gesamten Serie sieht.[16]

Persönlich glaube ich, dass die hermeneutisch überzeugendste Lesart eine solche ist, die sowohl

---

15 TD, S01F08, Minuten 50-51.

16 Zwei diametral entgegengesetzte Interpretationen finden sich in: C. Mountenay, »Grounding Carcosa«, und S.K. Donovan, »›The Light is Winning‹«, beides in: J. Graham/T. Sparrow (ed.), *True Detective and Philosophy*, a.a.O., S. 11-21 und S. 120-131.

Rusts Worte als auch die begleitende szenische Darstellung berücksichtigt. Gleich nach den letzten Worten des texanischen Detektivs (»Das Licht ist dabei zu gewinnen«) fährt die Kamera nach oben, um den Nachthimmel zu fangen.[17] Mit dieser Einstellung geht die erste Staffel zu Ende. Wir sehen einen schwarzen, mit hellen Sternen übersäten Himmel, in dem die Dunkelheit den Großteil des Blickfelds einnimmt.

Das Licht ist nicht dabei zu gewinnen, zumindest wird es keinen überwältigenden Sieg feiern. Aber im Vergleich zur anfänglichen, vollkommenen Dunkelheit hat sich etwas getan. Rust beschreibt keinen Sachverhalt und auch keine grundsätzliche Tendenz, sondern bezieht sich lediglich auf das Ergebnis von seinen und Martys Anstrengungen. Es mag sich nur um partielle Ergebnisse handeln, wie die Einstellung des dunklen Sternenhimmels suggeriert, und doch ist es ihnen gelungen, der absoluten Finsternis, die uns alle umgibt, etwas Licht abzugewinnen.

---

[17] TD, S01F08, Minute 51.

Schluss: Eine Philosophie des Negativen

True Detective endet, so wie es begonnen hatte, mit zwei unterschiedlichen Bildern vom Licht. Sie zeigen zwei Nächte kurz vor Tagesanbruch, ähnlich und doch ontologisch sehr verschieden. Da ist der Nachthimmel, in dem Rust eine aufkeimende Veränderung wahrnimmt, und – kurz davor – das Bild einer Morgendämmerung, wieder einmal vor dem Baum, der die Serie eröffnet hatte. Die Zeit ist ein flacher Kreis: Das Ende greift, notwendigerweise, in den Anfang. Aber diesmal ist etwas geschehen: Die vielen Jahre, Rusts und Martys Opferbereitschaft haben Wirkung gezeigt. Sie haben eine Veränderung in der Struktur der Realität herbeigeführt. Der Baum, den wir aus der ersten Folge kennen, ist nicht mehr der Ort eines Verbrechens, bei dem das Opfer einer unmenschlichen Verwandlung ins Tierische zur Schau gestellt bzw. in einen (flachen) Feuerkreis eingeschlossen wird, aus dem kein Ausweg erkennbar ist. Jetzt gibt es kein Feuer mehr, auch Opfer und Täter sind verschwunden: Die ewige Wiederkunft des Grauens ist durchbrochen worden. Ist das Grauen aber wirklich zu Ende? Für Rust und Marty, die »die besten Jahre«[1] ihres Lebens der Suche nach den mysteriösen und ungeheuerlichen Bewohnern von Carcosa gewidmet haben, ist dies sehr wahrscheinlich der Fall. Das gilt auch für Errol Childress, für Reggie und Dewall Ledoux und für den Reverend Tuttle, die im Laufe der Ermittlungen gestorben sind. Zumindest einer der maskierten Männer aus dem entsetzlichen Snuff-Video der »Opferung« von Marie Fontenot konnte sich aber der Verhaftung entziehen (das trifft übrigens auch auf den Kameramann der amateurhaften Aufnahmen zu). Die Gerechtigkeit hat gesiegt, aber nicht triumphiert. Denn in *True Detective* ist das Böse radikal und als solches lässt es sich nicht ausrotten. Es entspricht sowohl einer menschlichen Veranlagung als auch einer ontologischen Eigenschaft jener »Gosse«, die unser Planet ist.

Die zweite Staffel beginnt mit dem Mord an einem maskierten, mächtigen und abartigen Mann und mit einer verlorenen Harddisk, auf der seine per-

---

1 TD, S01F05, Minute 23.

versen sexuellen Performances und jene von anderen einflussreichen Männern aufgezeichnet sind. Wie bereits in der ersten Staffel, werden auch in der dritten Kinder verschwinden und von mächtigen Männern ermordet werden. Sogar das Spiralsymbol[2] kehrt zurück, als Hinweis auf den furchtbaren Zusammenhang zwischen den drei Erzählungen. Der offene Aufbau von Pizzolattos Geschichten (kein Fall ist je endgültig geklärt, die Gerechtigkeit siegt immer nur teilweise) erweckt bei den Zuschauer:innen den Eindruck, dass das Ausufern des Bösen lediglich vorübergehend und ansatzweise aufgehalten werden konnte, und lässt zugleich alle Staffeln äußerst wirklichkeitsnah erscheinen. Selbst die »positiven« Hauptpersonen, die *true detectives*, sind weder eindimensionale Figuren noch makellose Helden: Die Existenzen der Ermittlerfiguren werden hingegen als undurchsichtig und gebrochen präsentiert, von einem radikalen Bösen angegriffen, das sie zwar von außen bekriegen, das aber zugleich in ihre eigene Persönlichkeit und in ihr Menschsein eingeschrieben ist.

---

2 TD, S03F07, Minute 22.

Diese Ermittlerfiguren erleben zwar das Negative der Existenz hautnah und spielen ihm sogar oft in die Hände, unterscheiden sich jedoch von ihren Gegnern dadurch, dass sie sich an eine »minimale Ethik« halten: Rust und, nach ihm, Ray Velcoro und Wayne Hays kämpfen auf ihre Art und Weise, um das einzige mögliche Ziel zu erreichen: jenes Mindestmaß an Gerechtigkeit, das oft in dem Versuch besteht, den Unschuldigen (insbesondere den Kindern) das Leid zu ersparen, sprich sie dem kosmologischen Abgrund zu entreißen, in den sie geworfen sind.

»Wir kriegen die Welt, die wir verdienen«[3], sagt der Detektiv Raymond »Ray« Velcoro, eine der Hauptfiguren aus der zweiten Staffel. Diese starke Aussage dient nicht nur als *Tagline* für die gesamte zweite Staffel, sondern birgt in sich die ganze »minimale« oder negative Ethik von *True Detective*. Entgegen dem Bewusstsein der eigenen Endlichkeit und der Fehler, die man begangen hat und noch immer begeht, entgegen der unvermeidbaren Unvollständigkeit jeder Ermittlung[4] und jedes menschlichen Le-

---

3 TD, S02F02, Minute 38.

4 In der vorletzten Folge der dritten Staffel findet sich

bens gilt es, weiter zu ermitteln und zu kämpfen, um eine minimale Gerechtigkeit zu erlangen. Das ist das einzige realistische Ziel für die »wahren Detektive« – »wahr« auch deshalb, weil sie menschlich, bisweilen allzu menschlich und uns dabei sehr nah sind. Besonders dann, wenn sie nach einem Sinn in den ontologischen Sümpfen dieses Planeten suchen.

---

eine lakonische Anspielung auf die Ermittlungen von Rust und Marty. Dort heißt es: »Es wurde die Mittäterschaft von weiteren Komplizen bewiesen, aber die Ermittlungen gerieten ins Stocken« (TD, S03F07, Minute 22).

Nachwort des Autors zur deutschen Ausgabe

Bei ihrem Erscheinen 2019 war die Erstausgabe dieses Buches in einen – spezifisch italienischen – philosophischen und kulturellen Kontext eingebettet, der keine Entsprechung im deutschsprachigen Raum findet.

Anders als in Deutschland oder in Frankreich – und nicht zuletzt aufgrund des dauerhaften Einflusses des Idealismus von Benedetto Croce und Giovanni Gentile, den Verfechtern eines Primats der Philosophie als rein geistiger Disziplin gegenüber allen anderen Wissensformen, und die als Intellektuelle maßgeblich an der Gestaltung der universitären Bildung beteiligt waren[1] – hat die akademische Philosophie der letzten zwei Jahrhunderte in Italien zu keinem Zeitpunkt einen Austausch mit den anderen Wissenschaften gepflegt, weder mit den Geistes- noch mit den Naturwissenschaften.

---

[1] Giovanni Gentile bekleidete zwischen 1922 und 1924 das Amt des Bildungsministers in der faschistischen Regierung Italiens. In dieser Funktion führte er wichtige Reformen des Schul- und Universitätswesens durch.

Versuche, die Philosophie mit der Biologie, der Anthropologie, aber auch der Wissenschaftsgeschichte und der politischen Theorie in Verbindung zu bringen, die in Deutschland, Frankreich und Großbritannien im Laufe des 20. Jahrhunderts zur Entstehung der philosophischen Anthropologie, der historischen Epistemologie und der Medien- und Kulturwissenschaften bzw. Cultural Studies geführt haben, haben in Italien nur im wesentlich kleineren Rahmen stattgefunden (mit freilich herausragenden Ausnahmen wie u.a. Umberto Eco, Ludovico Geymonat und Gillo Dorfles). Diese Wissenszweige haben in Italien überdies eine vorwiegend historisch orientierte Rezeption erfahren. Die Zahl der Vertreter:innen, die die theoretische Herausforderung der neuen Disziplinen anzunehmen und dazu eigenständige Beiträge zu liefern vermochten, ist entsprechend überschaubar. Im Bereich der philosophischen Anthropologie, der historischen Epistemologie, der Kulturwissenschaften/Cultural Studies und der Medien- und Technikphilosophie hat sich die Aufmerksamkeit der italienischen Interpret:innen stets auf die Analyse der jeweiligen Texte bzw. Autor:innen und wesentlich weniger auf die darin vorgebrachten Themen konzentriert. Die philosophische Anthropologie hat sich etwa nicht über eine Untersuchung des Werks des Dreigestirns Scheler-Plessner-Gehlen hinausgewagt, während die Philosophie der Technik sich auf die Interpretation des späten Heidegger und jener Philosophen (von Derrida und Stiegler bis Sloterdijk) beschränkt hat, die einen Bezug zur heideggerschen Tradition aufwiesen. Im Bereich der Kultur- und der Medienphilosophie hat sich die philosophische Disziplin als womöglich noch weniger empfänglich erwiesen. Arbeiten zu medienbezogenen Themen sind größtenteils innerhalb der akademischen Grenzen der Kommunikationswissenschaften verblieben und haben nur selten Eingang in die Studienpläne der philosophischen Fakultäten gefunden. Die Kulturphilosophie hat wiederum so gut wie keine Resonanz erfahren und wurde stattdessen auf die Rezeption und ideengeschichtliche Vertiefung einzelner Autoren (insbesondere Giambattista Vico und – in geringerem Maße – Ernst Cassirer und Hans Blumenberg) reduziert.[2]

---

2 Die einzige, gleichermaßen isolierte Ausnahme stellt Benedetto Croce dar, der als »Kulturphilosoph« im breitesten, enzyklopädischen Sinne betrachtet werden kann.

Die fehlende Entwicklung einer kulturwissenschaftlichen Tradition, die im soeben skizzierten Kontext bereits angedeutet wurde, hat überdies dazu beigetragen, den Austausch zwischen den historisch-materiellen Disziplinen und der Philosophie zu verhindern oder zumindest zu erschweren. Abseits von wenigen, isolierten, wenngleich wichtigen Ausnahmen (ich denke etwa an den Philosophen Maurizio Ferraris[3] und an das von ihm gegründete *Labont*[4], ein Zentrum für »soziale Ontologie«, in dem die gesellschaftliche Bedeutung materieller Objekte aus philosophischer Perspektive untersucht wird, aber auch an den Kulturwissenschaftler Michele Cometa[5], der mit der Gründung der Zeitschrift »Studi Culturali«[6] versucht hat, in Italien eine Forschungsrich-

---

3 Vgl. insbesondere M. Ferraris, *Documentalità. Perché è necessario lasciar tracce*, Roma/Bari: Laterza 2010 und Ders., *Documanità. Filosofia del mondo nuovo*, Roma/Bari: Laterza 2021.

4 Die Tätigkeit des Labont ist auf der Webseite https://labont.it/ dokumentiert.

5 Vgl. insbesondere M. Cometa, *Perché le storie ci aiutano a vivere*, Milano: Cortina 2017 und Ders., *Come si studia la cultura. Pratiche, tattiche, forme di scrittura*, Palermo: Palermo University Press 2019.

6 Die kulturwissenschaftliche Arbeit von Michele Co-

tung in der Tradition der angelsächsischen Cultural Studies und der deutschsprachigen Kulturwissenschaften zu etablieren) ist das philosophische Interesse für materielle Kultur, Medien und Technik sowie für die Rückwirkung materieller Träger auf das von ihnen vermittelte Wissen de facto nicht vorhanden.

Das im akademischen Bereich fehlende Interesse für die Medienphilosophie und die Medien der Philosophie wird seit der Jahrtausendwende von zahlreichen Veröffentlichungen konterkariert, aus denen sich schon bald eine eigenständige Bewegung herausgebildet hat. Diese wird gemeinhin mit dem Sammelbegriff »Pop-Philosophie« bezeichnet. Sie umfasst nicht nur eine ganze Reihe von Publikationen und Studien zu Film, Fernsehserien, Comics, Sport und Videospielen, sondern auch ein breites Angebot an Veranstaltungen, darunter die vielen Festivals der Philosophie, die in Italien seit einigen Jahren mit großem Publikumserfolg stattfinden.[7] Diese Pop-Philo-

---

meta und anderen am Projekt beteiligten Forscher:innen kann auf der regelmäßig aktualisierten Webseite http://www.studiculturali.it/ verfolgt werden.

[7] Die zwei wichtigsten Festivals der Philosophie sind das alljährlich im Sommer stattfindende *Festival della Filosofia*

sophie ist vorwiegend als »Philosophie in der Genitivform« aufgetreten, sprich als philosophische Interpretation jener medialen Produkte, die vom institutionalisierten philosophischen Denken in der Regel außer Acht gelassen werden. Innerhalb weniger Jahre haben, um nur einige Beispiele zu nennen, eine »Philosophie von *Lost*«[8], eine »Philosophie von *Dr. House*«[9] und eine »Philosophie der Zeichentrickfilme«[10] ein breites Publikum erreicht. Fernsehserien dienten zudem der Vermittlung philosophischer Themen[11] und Influencer:innen wie Chi-

---

von Modena, Carpi und Sassuolo und das Festival *Popsophia* mit einer großen sommerlichen Ausgabe in Pesaro und Events im Laufe des Jahres an verschiedenen Orten in den Marken. Zusammen mit zahlreichen kleineren Festivals gehen beide Veranstaltungen seit über zehn Jahren mit reger Publikumsbeteiligung über die Bühne.

8 S. Regazzoni, *La filosofia di Lost. Philosophy Fiction*, Milano: Ponte alle Grazie 2009.

9 Blitris, *La filosofia del Dr. House. Etica, logica ed epistemologia di un eroe televisivo*, Milano: Ponte alle Grazie 2007.

10 A. Tagliapietra, *Filosofia dei cartoni animati. Una mitologia contemporanea*, Torino: Bollati Boringhieri 2019.

11 T. Ariemma, *La filosofia spiegata con le serie tv*, a.a.O.

ara Ferragni[12] sind zum Gegenstand pop-philosophischer Analysen geworden.

Die Beziehung, die die akademische und die Pop-Philosophie miteinander unterhalten, gleicht jedoch eher einer Konfrontation als einem offenen Dialog. Einerseits wird der akademischen Philosophie vorgehalten, sie hätte den Kontakt zu den unsere Gegenwart prägenden medialen Phänomenen verloren, indem sie sich in einen Elfenbeinturm aus anachronistischen, überspezialisierten und abstrakten Produktionen zurückgezogen habe; andererseits muss sich die Pop-Philosophie den Vorwurf gefallen lassen, sie würde die Philosophie auf banale Weise popularisieren, philosophische Themen und Ansätze aus wirtschaftlichem Kalkül und im Interesse der Selbstvermarktung vereinfachen oder gar die Philosophie zu einer Methode für die Untersuchung von theoretisch belanglosen Phänomenen degradieren.

Das vorliegende Buch über *True Detective* versteht sich als Versuch, sich diesen Einwänden zu entziehen, indem es bewusst den Dialog mit beiden Positionen sucht. Während es nämlich aufgrund seines

---

12 L. Ercoli, *Chiara Ferragni. Filosofia di un'influencer*, Genova: il melangolo 2020.

Gegenstandes der »pop-philosophischen« Seite zugeordnet werden kann, wehrt es sich andererseits entschieden gegen die – in Publikationen dieser Art oft bemerkbare – Vorstellung, dass der Untersuchungsgegenstand eine Aufwertung erfahre, sobald seine spezifischen Inhalte mit vergleichbaren, aus der Geschichte der Philosophie entlehnten Themen in Verbindung gebracht werden, oder umgekehrt, dass der Stellenwert der Thematik erhöht werden soll, indem sie als Werkzeug zur Erläuterung bestimmter philosophischer Konzepte eingesetzt wird. In Abgrenzung zu den pop-philosophischen Positionen habe ich den Versuch unternommen, *True Detective* als nichttextuelles, philosophisches Produkt zu betrachten, das es vermag, eigenständige, originelle philosophische Inhalte zu vermitteln. Aufgrund ihres medialen Charakters unterscheiden sich diese zwangsläufig von den Inhalten, die in der Abhandlung oder dem mündlichen Dialog Ausdruck finden. Darin steckt offensichtlich eine kritische Stellungnahme gegen die überkommene, streng akademische Auffassung der philosophischen Arbeit, die den Text (oder höchstens die mündliche Kommunikation) als privilegierten Träger des philosophischen *Logos* betrachtet und dadurch implizit die Philosophie an ein bestimmtes Medium bindet.

Ich möchte abschließend auf zwei theoretisch relevante, kritische Fragen eingehen, die einige aufmerksame Leser:innen aufgeworfen haben. Die erste betrifft die häufigen Rückgriffe auf die philosophische Tradition in einem Text, der sich – programmatisch – vorgenommen hatte, anhand von *True Detective* eine Philosophie der Medien zu entwerfen, die sich nicht im bloßen Aufpfropfen philosophischer Begriffe auf ein audiovisuelles Produkt erschöpft. Nun, ich hoffe und glaube, dass ich diesbezüglich mein Vorhaben umsetzen konnte: *True Detective* ist ein philosophisches Werk und als solches pflegt es einen Dialog mit anderen philosophischen Werken. Angesichts des überwiegend schriftlichen Charakters der philosophischen Tradition, mit der hier ein Austausch stattfindet, wäre es aus meiner Sicht nicht möglich gewesen, den immanenten theoretischen Wert der Serie herauszustreichen, ohne sie in einen Dialog mit ihren Referenzwerken treten zu lassen (was keineswegs darauf hinausläuft, das mediale Produkt auf eine Übersetzung in Bilder von Schopenhauer, Nietzsche oder Ligotti zu reduzieren). Ich bin im Gegenteil überzeugt, dass ein audiovisuelles philosophisches

Werk wie *True Detective* erst durch die Auseinandersetzung mit philosophischen Abhandlungen seine Grundeigenschaften zur Geltung bringen und die spezifischen Möglichkeiten aufzeigen kann, die ihm sein Medium – im Unterschied zur klassischen schriftlichen Darstellung der Philosophie – bietet.

Der zweite Kritikpunkt ist tiefgreifender und insgesamt schwer zu widerlegen. Hier werden die theoretischen Grundannahmen des Textes übernommen oder gar radikalisiert, um jedoch zu dem Schluss zu kommen, dass eine Philosophie der Medien, wie ich sie in der Einleitung umrissen habe, einer anderen als der schriftlichen Ausdrucksform und eines anderen Verbreitungsmediums als dem des Buches bedürfe. Ich halte diesen Einwand grundsätzlich für berechtigt. Ich bin ebenfalls der Meinung, dass die Philosoph:innen beginnen sollten, Medien abseits der klassischen Druckmedien ihre Aufmerksamkeit zu schenken und deren Potenzial für die eigene Denkarbeit zu nutzen. Versuche in dieser Richtung sind übrigens bereits im Laufe des 20. und des 21. Jahrhunderts unternommen worden: Man denke etwa an Jean-Paul Sartres Drehbuch für einen Film über Sigmund Freud[13], an die – inhaltlich und stilistisch diametral entgegengesetzten – filmischen Werke von Terrence Malick und Christopher Nolan, aber auch an Videogames wie *Everything* (ein Simulationsspiel, das es den Spielenden erlaubt, subatomare Umgebungen, Lebewesen, Pflanzen und Galaxien zu schaffen, das aber weder ein vorgegebenes Ziel noch ein Ende vorsieht und dabei die Entwicklung des Lebens im realen Universum reproduziert) oder *Death Stranding* (ein Spiel, das ontologische, metaphysische und Geschlechtsunterschiede hinterfragt, indem es das Reich der Lebenden und der Toten, Geschichte und Nachgeschichte, Männliches und Weibliches miteinander verflicht).

Ich bin aber gleichermaßen überzeugt, dass dies nicht zwangsläufig in eine Absage an die Buchform münden sollte. Im Fall meines Buches halte ich diese Form beispielsweise für die geeignetste: Eine Philosophie der Medien, wie sie in der Einleitung skizziert wird, entfaltet sich nämlich in dem Medium, das es ihr bestmöglich erlaubt, ihre Einsichten darzustellen. Dabei wählt sie im Idealfall ihre Inhalte weder vor

---

13 *Freud: The Secret Passion* (John Huston, USA 1962).

noch unabhängig vom eigenen Medium. Ebenso wenig sollte sie Inhalte, die für ein bestimmtes Medium gedacht waren, ohne innere Notwendigkeit auf andere Medien übertragen. Mein Projekt bestand darin, den philosophischen Wert der Fernsehserie *True Detective* nachvollziehend und komparativ herauszuarbeiten, indem Quellen, implizite und explizite Bezüge sowie stilistische Differenzen zur Philosophie des Negativen, in deren Tradition sich die Serie verortet, untersucht werden. Dieses Projekt fügt sich nun, bei allen Unterschieden, in die philosophische Tradition ein und wurde deshalb mit den für die Philosophie typischen Ausdrucksmitteln gestaltet: der schriftlichen Form des Essays und dem Buch als Trägermedium.

Sollte es mir gelungen sein, abseits meiner Analyse von *True Detective* als einzigartigem nichttextuellen philosophischen Werk auch Denkanstöße zu den Medien der philosophischen Arbeit zu liefern, dann würde dieses Buch die Erwartungen seines Autors nicht nur erfüllt, sondern auch übertroffen haben.

Lanuvio, im Juli 2021